DIREITOS HUMANOS E DIVERSIDADE

Revisão técnica:

Guilherme Marin
Bacharel em Filosofia
Mestre em Sociologia da Educação

D611 Direitos humanos e diversidade / Renan Costa Valle Scarano... [et al.] ; revisão técnica: Guilherme Marin. – Porto Alegre : SAGAH, 2023

ISBN 978-65-5690-354-5

1. Direitos humanos – Diversidade. I. Scarano, Renan Costa Valle.

CDU 342.7

Catalogação na publicação: Mônica Ballejo Canto – CRB 10/1023

DIREITOS HUMANOS E DIVERSIDADE

Renan Costa Valle Scarano
*Bacharel e Licenciado em Filosofia
Especialista em Direitos Humanos e
Cidadania
Mestre em Política Social*

Daniella Tech Doreto
*Graduada em Serviço Social
Mestre em Saúde na Comunidade
Doutora em Ciências da Saúde*

Sílvia Zuffo
*Graduada em Administração
Mestre em Diversidade Cultural e
Inclusão Social*

Anderson Barbosa Scheifler
*Graduado em Serviço Social
Mestre em Práticas Socioculturais e
Desenvolvimento Social*

Carolina Bessa Ferreira de Oliveira
*Bacharel em Direito
Mestre em Educação
Doutora em Educação*

Ligia Maria Fonseca Affonso
*Bacharel em Administração
Especialista em Ativação de Processos
de Mudanças na Formação Superior
de Profissionais de Saúde, em Gestão
Pública Municipal, em Gestão em
Saúde, em Educação em Saúde e em
Pedagogia Empresarial
Mestre em Ensino de Ciências da
Saúde e do Meio Ambiente*

Martha Luciana Scholze
*Graduada em Direito
Especialista em Direito Público
Mestre em Direito*

Wilian Junior Bonete
*Graduado em História
Mestre em História Social*

Porto Alegre
2023

© SAGAH EDUCAÇÃO S.A., 2023

Gerente editorial: *Arysinha Affonso*

Colaboraram nesta edição:
Editora: *Maria Eduarda Fett Tabajara*
Assistente editorial: *Yasmin Lima dos Santos*
Preparação de original: *Nathália Glasenapp*
Capa: *Paola Manica | Brand&Book*
Editoração: *Kaéle Finalizando Ideias*

> **Importante**
> Os links para sites da Web fornecidos neste livro foram todos testados, e seu funcionamento foi comprovado no momento da publicação do material. No entanto, a rede é extremamente dinâmica; suas páginas estão constantemente mudando de local e conteúdo. Assim, os editores declaram não ter qualquer responsabilidade sobre qualidade, precisão ou integralidade das informações referidas em tais links.

Reservados todos os direitos de publicação à
SAGAH EDUCAÇÃO S.A., uma empresa do GRUPO A EDUCAÇÃO S.A.

Rua Ernesto Alves, 150 – Bairro Floresta
90220-190 – Porto Alegre – RS
Fone: (51) 3027-7000

SAC 0800 703-3444 – www.grupoa.com.br

É proibida a duplicação ou reprodução deste volume, no todo ou em parte, sob quaisquer formas ou por quaisquer meios (eletrônico, mecânico, gravação, fotocópia, distribuição na Web e outros), sem permissão expressa da Editora.

IMPRESSO NO BRASIL
PRINTED IN BRAZIL

APRESENTAÇÃO

A recente evolução das tecnologias digitais e a consolidação da internet modificaram tanto as relações na sociedade quanto as noções de espaço e tempo. Se antes levávamos dias ou até semanas para saber de acontecimentos e eventos distantes, hoje temos a informação de maneira quase instantânea. Essa realidade possibilita a ampliação do conhecimento. No entanto, é necessário pensar cada vez mais em formas de aproximar os estudantes de conteúdos relevantes e de qualidade. Assim, para atender às necessidades tanto dos alunos de graduação quanto das instituições de ensino, desenvolvemos livros que buscam essa aproximação por meio de uma linguagem dialógica e de uma abordagem didática e funcional, e que apresentam os principais conceitos dos temas propostos em cada capítulo de maneira simples e concisa.

Nestes livros, foram desenvolvidas seções de discussão para reflexão, de maneira a complementar o aprendizado do aluno, além de exemplos e dicas que facilitam o entendimento sobre o tema a ser estudado.

Ao iniciar um capítulo, você, leitor, será apresentado aos objetivos de aprendizagem e às habilidades a serem desenvolvidas no capítulo, seguidos da introdução e dos conceitos básicos para que você possa dar continuidade à leitura.

Ao longo do livro, você vai encontrar hipertextos que lhe auxiliarão no processo de compreensão do tema. Esses hipertextos estão classificados como:

Saiba mais

Traz dicas e informações extras sobre o assunto tratado na seção.

Fique atento

Alerta sobre alguma informação não explicitada no texto ou acrescenta dados sobre determinado assunto.

Exemplo

Mostra um exemplo sobre o tema estudado, para que você possa compreendê-lo de maneira mais eficaz.

Link

Indica, por meio de *links*, informações complementares que você encontra na Web.

https://sagah.com.br/

Todas essas facilidades vão contribuir para um ambiente de aprendizagem dinâmico e produtivo, conectando alunos e professores no processo do conhecimento.

Bons estudos!

PREFÁCIO

Os direitos humanos são os princípios ou valores ético-políticos que permitem a toda pessoa afirmar a sua condição e dignidade como ser humano. No Brasil, a Constituição Federal de 1988 foi a grande responsável por assegurá-los. Em nível mundial, tem-se a Declaração Universal dos Direitos Humanos (DUDH), que colocou o Estado como ente responsável pela garantia, proteção e efetivação desses direitos. Como bem sabemos, porém, infelizmente eles são desconsiderados a todo momento, tanto aqui quanto em outros países. Mesmo que prevista em Lei, a garantia dos direitos humanos acaba por sucumbir às relações de poder, que desde sempre estiveram relacionadas a altos níveis de desigualdade. Em última instância, então, o desrespeito aos direitos do homem tem íntima relação com o desrespeito à diversidade (em todos os âmbitos — étnica, social, cultural, etc.).

Nesta obra, você vai descobrir como surgiu e no que consiste a DUDH, bem como as nuances da história e da evolução dos direitos humanos no Brasil e no mundo. Ainda, vai ler sobre os desafios dos direitos humanos no atual contexto nacional, os principais aspectos que os caracterizam e o papel dos movimentos sociais em defesa dos direitos do homem. Ainda, aprenderá mais sobre a desigualdade social no País, xenofobia e discriminação, políticas públicas, racismo, pluralidade religiosa, tolerância, igualdade de gênero, entre outros tópicos em voga para uma ampla compreensão do tema.

SUMÁRIO

Direitos humanos 13
Renan Costa Valle Scarano
   Declaração Universal dos Direitos Humanos 13
   Traçando o percurso dos direitos humanos 14
   Direitos humanos no Brasil 17

O homem como objeto dos direitos humanos 25
Carolina Bessa Ferreira de Oliveira
   Homem como detentor de direitos 26
   Direitos humanos e culturas locais 29
   A contemporaneidade da afirmação dos direitos humanos 31

Movimentos sociais e direitos humanos 37
Ligia Maria Fonseca Affonso
   Estado, sociedade e direitos humanos 37
   História e evolução dos direitos humanos no Brasil 43
   Movimentos sociais em defesa dos direitos humanos 47

Desigualdade, diversidade e direitos no Brasil contemporâneo 53
Daniella Tech Doret
   A desigualdade no acesso aos direitos no Brasil do ponto de vista histórico 54
   A conquista de direitos no Brasil 56
   Conquistas e retrocessos nos direitos 60

O processo histórico da constituição dos direitos humanos 65
Daniella Tech Doreto
   A constituição dos direitos humanos 66
   Direitos humanos 68
   Direitos humanos e senso comum 71

Diversidade cultural no Brasil 75
Daniella Tech Doreto
   Diversidade cultural 75
   Cultura, monocultura, policultura e multiculturalismo no Brasil 78
   O alargamento das desigualdades sociais no Brasil 81

Xenofobia e discriminações 87
Daniella Tech Doreto
Xenofobia na história mundial 87
Exemplos atuais de discriminação e xenofobia 90
A legislação relacionada à xenofobia e à discriminação 93

Desigualdades sociorraciais e políticas públicas 99
Anderson Barbosa Scheifler
Desigualdades históricas 99
Políticas públicas brasileiras 106
O alcance das políticas públicas 107

Diversidade, movimentos sociais e políticas públicas 111
Martha Luciana Scholze
Movimentos sociais 111
Movimentos sociais e políticas públicas 114
Implementação de políticas públicas 117

Combate ao racismo e à discriminação 121
Renan Costa Valle Scarano
Raça: da biologia à política 122
Racismo: um sistema de poder 124
As correntes abordadas por Moreira 129

O Direito e a proteção às minorias: afro-brasileiros e indígenas 133
Sílvia Zuffo
Necessidade de proteção às minorias 134
Identificação dos afro-brasileiros e indígenas como minorias 136
Princípios que regulam a proteção às minorias 139

Pluralidade religiosa 145
Wilian Junior Bonete
A influência das religiões nos valores éticos e humanistas das diversas culturas 145
Uma abordagem inclusiva sobre a temática das religiões 148
Ensino aconfessional: respeito e valorização dos aspectos positivos das diversas religiões 151

Diversidade e tolerância 157
Sílvia Zuffo
Sobre diversidade e cultura 157
Cultura como condicionante da visão de mundo 160
A tolerância em um mundo cada vez mais conectado 162

Promoção da igualdade de gênero e de orientação sexual........... 167
Renan Costa Valle Scarano
    Estudos histórico-culturais e a problematização do gênero 168
    Gênero e identidade sexual: uma construção cultural? 171
    O que está em jogo quando se discute ideologia de gênero? 177

Direitos humanos e trabalho 183
Renan Costa Valle Scarano
    Direito ao trabalho na Declaração Universal dos Direitos Humanos 183
    Trabalho e direitos humanos na Constituição Federal de 1988 e na CLT 187
    Direitos humanos, gênero e trabalho 192

Direitos humanos, diversidade e sustentabilidade 199
Renan Costa Valle Scarano
    A modernidade e a noção de indivíduo 200
    Direitos sociais e diversidade humana 203
    Vida em sociedade e critérios de sustentabilidade de acordo com
        os direitos humanos 205

Direitos humanos

Objetivos de aprendizagem

Ao final deste texto, você deve apresentar os seguintes aprendizados:

- Identificar o contexto político internacional em que foi feita a Declaração Universal dos Direitos Humanos.
- Discutir o percurso em que os direitos humanos foram desenvolvidos com relação aos momentos sociopolítico e econômico.
- Analisar os desafios dos direitos humanos no atual contexto brasileiro.

Introdução

Os direitos humanos são os princípios ou valores ético-políticos que permitem a toda pessoa afirmar a sua condição e dignidade como ser humano. No Brasil, a Constituição Federal de 1988 foi a responsável por assegurar esses direitos.

Neste capítulo, você descobrirá o que é a Declaração Universal dos Direitos Humanos (DUDH), em que contexto sociopolítico e econômico foi criada, e analisará os desafios dos direitos humanos no atual contexto do Brasil.

Declaração Universal dos Direitos Humanos

Após o término da Segunda Guerra Mundial (1945), os países se uniram com a meta de restabelecer a paz entre os povos. A Organização das Nações Unidas (ONU) passou a existir oficialmente no ano de 1945 com a ratificação da carta feita pelas nações vencedoras da guerra (China, Estados Unidos, França, Reino Unido e a União Soviética). Com o objetivo de restabelecer a paz e evitar uma nova guerra mundial, essas nações assinaram a **DUDH** em 10 de dezembro de 1948. A carta enumera em 30 artigos os direitos humanos e as liberdades fundamentais que os homens e as mulheres têm e que devem ser respeitados.

A DUDH foi assinada durante a **Guerra Fria**. Nessa época, o mundo estava dividido e sendo disputado por duas potências (Estados Unidos, que liderava o bloco dos países capitalistas, e União Soviética, que liderava os países socialistas). O conflito entre os blocos envolvia questões de ordem política, militar, tecnológica, econômica, social e ideológica.

O centro da DUDH é a dignidade da pessoa, que deve estar acima de qualquer interesse de ordem de governo ou econômico. De acordo com Pequeno (2008, documento on-line), os direitos humanos são "[...] os princípios ou valores que permitem que uma pessoa possa afirmar sua condição humana e participar plenamente da vida [...]". Tais direitos devem fazer com que o indivíduo possa vivenciar plenamente a sua condição biológica, psicológica, econômica, social, cultural e política. Tendo em vista a prioridade na dignidade humana e "[...] na igualdade de direitos entre homens e mulheres [...]" (ORGANIZAÇÃO DAS NAÇÕES UNIDAS, 2009, documento on-line), a Assembleia Geral das Nações Unidas proclamou a DUDH.

O preâmbulo da Declaração já traz o seguinte ponto de destaque: "[...] considerando ser essencial que os direitos humanos sejam protegidos pelo império da lei, para que o ser humano não seja compelido, como último recurso, à rebelião contra a tirania e a opressão [...]" (ORGANIZAÇÃO DAS NAÇÕES UNIDAS, 2009, documento on-line). Assim, a Declaração coloca o Estado como ente responsável pela garantia, proteção e efetivação dos direitos.

Traçando o percurso dos direitos humanos

Tudo aquilo prejudica o desenvolvimento da vida dos seres humanos — seja como condição biológica, econômica, psicológica, social, cultural ou política — é uma negação e uma afronta aos direitos humanos. Mas o que é um direito, exatamente?

De acordo com Rabenhorst (2008), na sua origem, a palavra "direito" designa aquilo que é reto, justo, correto. Apenas no final do período medieval, os estudiosos passaram a utilizar a palavra "direito", cuja terminologia deriva do latim *rectum* e *directum*, que significam "reto" e "em linha reta". Nesse sentido, sustenta Rabenhorst (2008, documento on-line), "[...] falar de direitos, portanto, é em primeiro lugar falar do desejo e da necessidade que possuímos de viver em um mundo justo [...]".

A construção da DUDH se deu em um processo histórico de conquistas e lutas que envolveram, desde a Modernidade, os campos jurídico, sócio-político e cultural. Um primeiro conjunto de direitos é percebido na Modernidade por meio das revoluções burguesas dos séculos XVII e XVIII, a Revolução Inglesa, em 1688; a Revolução Americana, em 1776, e a Revolução Francesa, em 1789. Foi em torno da questão da liberdade que os direitos foram discutidos, reivindicando as liberdades individuais. Nesse sentido, o liberalismo político era o que reunia o debate acerca do direito civil e político.

> Os direitos civis e políticos referem-se aos direitos individuais vinculados à liberdade, à igualdade, à propriedade, à segurança e à resistência às diversas formas de opressão. Direitos inerentes à individualidade, tidos como atributos naturais, inalienáveis e imprescritíveis, que, por serem de defesa e serem estabelecidos contra o Estado, têm especificidade de direitos "negativos" (WOLKMER, 2010, documento on-line).

Em um primeiro momento de geração de direitos, tratava-se de firmar os direitos em um combate da sociedade civil contra o Estado absolutista enquanto violador dos direitos. Mas, em um segundo momento histórico, outras gerações colocam o Estado como o garantidor dos direitos.

A segunda geração de direitos é composta pelos chamados direitos sociais, econômicos e culturais. São entendidos como direitos sociais, direito ao trabalho, à saúde e à educação. Esses direitos são "[...] fundados nos princípios da igualdade e com alcance positivo, pois não são contra o Estado, mas ensejam a garantia e a concessão a todos os indivíduos por parte do poder público [...]" (WOLKMER, 2010, documento on-line). Com a efetivação desses direitos, o Estado passa à condição de garantidor, e a sociedade civil, à condição de sujeito ativo que reivindica a concretização de tais direitos.

> A necessidade dessa intervenção do Estado no decorrer do período liberal, para assegurar direitos, principalmente no campo social, que o livre jogo do mercado não permitia, caracteriza uma nova fase, a histórica dos Estados desenvolvidos. Estamos no Estado social, o Estado intervém visando a assegurar não mais aquela igualdade puramente formal, utópica, concebida pelo Liberalismo, mas a procura de uma igualdade material, permitindo que os mais desfavorecidos tivessem acesso à escola, à cultura, à saúde, à participação, àquilo que já se sustentava no passado, a felicidade (CARNEIRO, 2007, p. 24).

Os séculos XIX e XX foram marcados por lutas populares, foram um tempo em que o pensamento marxista exerceu grande influência na conversão dos direitos que, até então, estavam sustentados na figura do sujeito individual, mas que, a partir dessa nova etapa, passavam a ser discutidos enquanto direitos sociais. Os chamados **direitos de segunda geração** — que visam à garantia social realizada pelo Estado em relação a trabalho e salário dignos, assistência social, educação, saúde, moradia, cultura, livre associação sindical, greve, saneamento básico, lazer, entre outros — ainda estão alicerçados no direito individual.

No século XXI, foram aprovados os **direitos de terceira geração**. Esses direitos buscam proteger os grupos humanos: povos, nações e grupos étnicos. Referem-se também à paz e à solidariedade entre os povos, aos cuidados com os recursos naturais, à dignidade das diversas culturas e às relações mais justas, igualitárias e pacíficas entre os povos. Pelos avanços no conhecimento científico-tecnológico, já se fala, hoje, em direitos humanos de quarta geração. São direitos ligados à bioética e à tecnologia na medicina, ao respeito ao patrimônio genético dos indivíduos e grupos étnicos.

Alguns pensadores, como Carneiro (2007), acentuam esse período como após o Estado-social, caracterizado pelo avanço do neoliberalismo, em que a intervenção do Estado é cada vez menor. Historicamente, esse período está marcado pela queda do muro de Berlim (em 1990), fazendo com que o liberalismo econômico avançasse, não encontrando outras perspectivas suficientes para pôr limites a essa onda. Com o mercado em condições livres para se estruturar nas diversas sociedades, os campos social, político e econômico ganharam ares de globalização. As relações entre capital e trabalho — que outrora haviam sido intermediadas pelo Estado de bem-estar social — foram absorvidas pelo mercado. O mercado — principal sujeito da esfera econômica — ganhou espaço em vários campos, como político, cultural e social, atravessando as relações que desde a Modernidade estruturavam-se no Estado Democrático de Direito.

> Agora, nesta terceira fase, a intervenção [do Estado] é cada vez menor, em função das economias dos Estados, que impossibilitam a manutenção de importantes programas sociais, passando a optar pela privatização de serviços não essenciais e pela diminuição de seus investimentos naqueles considerados essenciais, gerando crises de desemprego, insuficiente assistência a direitos básicos como a saúde, a idosos, a criança, etc. (CARNEIRO, 2007, p. 35).

Esse novo cenário traz algumas consequências em relação aos direitos conquistados em épocas anteriores. Os direitos que o Estado-social oferecia (como direito ao trabalho, à educação, à saúde) são ameaçados pelas políticas de privatização, que visam ao lucro monetário como um fator prioritário. Nesse sentido, os direitos sociais foram os mais atingidos. Essas ameaças dizem respeito às privatizações de serviços públicos e que estão em consonância com a DUDH, como o direito à saúde, à educação e aos direitos trabalhistas.

Direitos humanos no Brasil

No Brasil, os direitos humanos são garantidos na Constituição Federal promulgada em 1988. No contexto brasileiro, os direitos humanos foram um importante avanço jurídico para uma sociedade que foi marcada por cerca de 20 anos de Ditadura Civil-Militar (1964–1985).

> Se os direitos humanos não são um dado, mas um construído, enfatiza-se que as violações a estes direitos também o são. Isto é, as exclusões, as discriminações, as desigualdades, as intolerâncias e as injustiças são um construído histórico, a ser urgentemente desconstruído (FLORES, 2009, p. 15).

Diante de uma realidade em que a violência era institucionalizada por meio de torturas, assassinatos e desaparecimentos, os direitos humanos passaram a ser um importante dispositivo que visava à proteção da dignidade humana em relação com a cidadania. O viés democrático que o Brasil e outros países latino-americanos readquiriram, a partir dos anos de 1970/1980, foi uma importante construção da classe política e civil, imprescindível para criar espaços em que a dignidade humana seja respeitada e para a concretização dos direitos.

> A questão da cultura democrática assume um caráter crucial no Brasil e na América Latina como um todo. Esta é uma sociedade na qual a desigualdade econômica, a miséria, a fome são os aspectos mais visíveis de um ordenamento social presidido pela organização hierárquica e desigual do conjunto das relações sociais: o que podemos chamar autoritarismo social (DAGNINO, 1994, p. 103).

Nesse cenário de conflitos em que o Brasil esteve imerso, Dagnino (1994, p. 104) argumenta que se tratava de uma cultura baseada "[...] predominantemente em critérios de classe, raça e gênero, esse autoritarismo social se expressa num sistema de classificações que estabelece diferentes categorias de pessoas, dispostas nos seus respectivos lugares na sociedade [...]". Tratava-se de uma sociedade na qual as elites exercem forte influência, e o desafio aos direitos humanos é ainda uma realidade a ser construída. Segundo Dagnino (1994, p. 104), "Esse autoritarismo engendra formas de sociabilidade e uma cultura autoritária de exclusão que subjaz ao conjunto das práticas sociais e reproduz a desigualdade nas relações sociais em todos os seus níveis". O Brasil tem avançado em direção à concretização dos direitos humanos; porém, por meio de pesquisas realizadas por entidades nacionais e por ONGs, descobriu-se que muitos passos ainda devem ser dados. De acordo com dados do Ministério dos Direitos Humanos, no ano de 2016, "[...] foram registradas 133.061 denúncias de violação de direitos humanos no Brasil, de acordo com balanço divulgado pelo Disque 100, serviço vinculado à Secretaria de Direitos Humanos" (HUFFPOST BRASIL, 2017), somando 364 casos por dia.

Os resultados da exclusão e da cultura de antidireitos humanos fazem da sociedade brasileira uma sociedade violenta. De acordo com o Anuário de Segurança Pública (FÓRUM BRASILEIRO DE SEGURANÇA PÚBLICA, 2016, documento on-line):

> [...] a cada 9 minutos, 1 pessoa era morta, totalizando 58.492 mortes violentas intencionais em 2015, incluindo vítimas de homicídios dolosos, de latrocínios, lesões corporais seguidas de morte e mortes decorrentes de intervenções policiais. Dessas pessoas assassinadas, 54% eram jovens de 15 a 24 anos e 73% são pretos e pardos.

Nessas estatísticas de violência, a polícia brasileira apareceu como a que mais morre (fora do trabalho) e a que mais mata. No site do Fórum Brasileiro de Segurança Pública (2016, documento on-line), divulgou-se que, "Entre 2009 e 2015, policiais brasileiros morreram 113% mais em serviço do que os policiais americanos [...]" (FÓRUM BRASILEIRO DE SEGURANÇA PÚBLICA, 2016, documento on-line).

O Brasil registrou mais vítimas de mortes violentas intencionais (ou pessoas assassinadas) em cinco anos do que a guerra na Síria no mesmo período. Enquanto a guerra na Síria (no período de março de 2011 a novembro de 2015) contava 256.124 vítimas mortas, no Brasil, nesse mesmo período, foram contabilizadas 279.592 pessoas mortas. A violência policial também é um fator que, de acordo com o Anuário Brasileiro de Segurança Pública (FÓRUM BRASILEIRO DE SEGURANÇA PÚBLICA, 2016), contribui como ameaça para os direitos humanos. As mortes decorrentes das intervenções policiais somam 3.345 em 2015. Entre 2009 e 2015, esse número subiu para 17.688. Um dos indicativos desses dados é que a militarização adotada pelas polícias estaduais fortalece uma cultura antidireitos humanos.

 **Exemplo**

A alta taxa de homicídios no País, os abusos policiais, a crítica situação do sistema prisional, a vulnerabilidade dos defensores de direitos humanos (principalmente em áreas rurais), a violência sofrida pela população indígena, (sobretudo pelas falhas em políticas de demarcação de terras) e as várias formas de violência contra as mulheres, populações homossexuais, travestis, transexuais e transgêneros são exemplos de violências sofridas no Brasil todos os dias.

De acordo com a RedeTrans, "[...] as pessoas trans sofrem com a violação de direitos humanos diariamente. Do ponto de vista dos avanços legais para a promoção dos direitos das pessoas trans, o avanço foi pouco, destacando apenas a política do nome social, contudo que ainda existem constrangimentos na prática e despreparo para acolhida em serviços públicos" (NOGUEIRA; AQUINO; CABRAL, 2017, p. 40). A pesquisa da rede europeia *Transgender Europe* (TGEU) apontou que o Brasil é o país que mais mata pessoas trans e gênero-diversas no mundo (Figura 1).

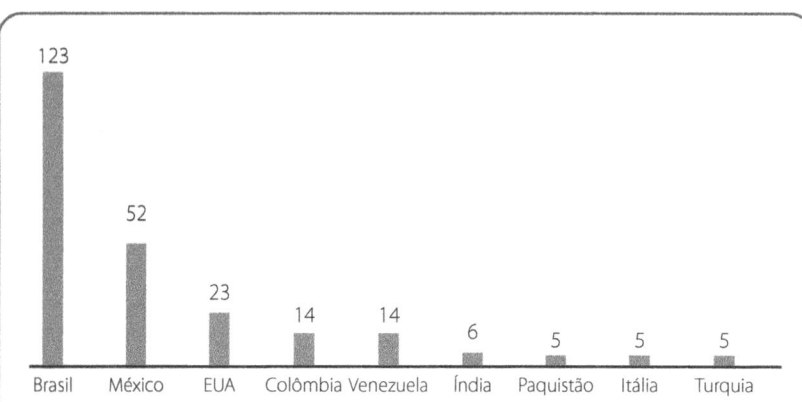

Figura 1. Assassinatos de pessoas trans de 1º de outubro de 2015 a 30 de setembro de 2016.
Fonte: Adaptada de Nogueira, Aquino e Cabral (2017).

No caso da violência contra a mulher, embora a criação da Lei Maria da Penha (Lei nº. 11.340, de 7 de agosto de 2006) (BRASIL, 2006) tenha sido uma importante resposta à violência contra a mulher, ainda se trata de uma realidade a ser superada. De acordo com o Mapa da Violência de 2015, o Brasil contabiliza 4,8 assassinatos a cada 100 mil mulheres, número que coloca o Brasil no 5º lugar no ranking de países nesse tipo de crime. Sobre os assassinatos de mulheres, dos 4.762 assassinatos de mulheres registrados em 2013 no Brasil, 50,3% foram cometidos por familiares, sendo que em 33,2% destes casos, o crime foi praticado pelo parceiro ou ex. Essas quase 5 mil mortes representam 13 homicídios femininos diários em 2013 (WAISELFISZ, 2015).

O sistema prisional brasileiro é, há tempos, um fator negativo no que diz respeito aos direitos humanos. Os dados de 2014 e os de 2015 apontam que a capacidade dos presídios brasileiros não comporta mais presidiários, pois já passaram os limites de ocupação, tal como pode ser constatado no Quadro 1 (CONSELHO NACIONAL DO MINISTÉRIO PÚBLICO, 2016).

Os direitos humanos são um processo, surgem de uma tensão que não finda com a DUDH. Porém, é no cotidiano da luta e da resistência que os direitos humanos se afirmam contra as formas de reprodução da desigualdade, que ferem a dignidade humana.

Quadro 1. Capacidade, ocupação total e taxa de lotação pelo sexo dos internos por região (2014-2015)

Estados	2014						2015					
	Homem			Mulher			Homem			Mulher		
	Capacidade	Ocupação	Taxa de lotação	Capacidade	Ocupação	Taxa de lotação	Capacidade	Ocupação	Taxa de lotação	Capacidade	Ocupação	Taxa de lotação
CENTRO-OESTE	25.590	44.325	173,21%	2.563	3.043	118,73%	27.760	50.778	182,92%	2.666	3.593	134,77%
NORDESTE	37.595	67.009	178,24%	2.610	4.407	168,85%	44.396	82.541	185,92%	3.100	5.467	176,35%
NORTE	17.801	30.149	169,37%	1.478	2.223	150,41%	24.393	36.261	148,65%	1.867	2.147	115,00%
SUDESTE	175.669	288.590	164,28%	14.629	17.739	121,26%	186.485	303.710	162,86%	15.880	18.191	114,55%
SUL	47.327	58.797	124,24%	3.848	3.855	100,18%	49.876	60.485	121,27%	3.227	3.646	112,98%
BRASIL	303.982	488.870	160,82%	25.128	31.267	124,43%	332,910	533.775	160,34	26.740	33.044	123,58%

Fonte: Conselho Nacional do Ministério Público (2016, p. 39).

Referências

BRASIL. *Lei nº. 11.340, de 7 de agosto de 2006*. Cria mecanismos para coibir a violência doméstica e familiar contra a mulher, nos termos do § 8º do art. 226 da Constituição Federal, da Convenção sobre a Eliminação de Todas as Formas de Discriminação contra as Mulheres e da Convenção Interamericana para Prevenir, Punir e Erradicar a Violência contra a Mulher; dispõe sobre a criação dos Juizados de Violência Doméstica e Familiar contra a Mulher; altera o Código de Processo Penal, o Código Penal e a Lei de Execução Penal; e dá outras providências. Brasília: Presidência da República. 2006. Disponível em: <http://www.planalto.gov.br/ccivil_03/_ato2004-2006/2006/lei/l11340.htm>. Acesso em: 24 jan. 2019.

CARNEIRO, P. C. *Acesso à justiça, juizados especiais cíveis e ação civil pública:* uma nova sistematização da teoria geral do processo. Rio de Janeiro: Forense, 2007.

CONSELHO NACIONAL DO MINISTÉRIO PÚBLICO. *A visão do Ministério Público sobre o sistema prisional brasileiro*. Brasília: CNMP, 2016. Disponível em: <http://www.cnmp.mp.br/portal/images/Publicacoes/documentos/2016/Livro_sistema_prisional_web_7_12_2016.pdf>. Acesso em: 24 jan. 2019.

DAGNINO, E. Os movimentos sociais e a emergência de uma nova noção de cidadania. In: DAGNINO, E. (Org.). *Anos 90*: política e sociedade no Brasil. São Paulo: Brasiliense: 1994. p. 103-115.

FLORES, H. J. *A reinvenção dos direitos humanos*. Florianópolis: Fundação Boiteux, 2009.

FÓRUM BRASILEIRO DE SEGURANÇA PÚBLICA. *Anuário brasileiro de segurança pública 2016*. São Paulo: Fórum Brasileira de Segurança Pública, 2016. Disponível em: <https://documentos.mpsc.mp.br/portal/manager/resourcesDB.aspx?path=2229>. Acesso em: 24 jan. 2019.

HUFFPOST Brasil. *133 mil:* Este foi o número de denúncias de direitos humanos em 2016 no Brasil. [S.l.]: HuffPost Brasil, 2017. Disponível em: <http://www.huffpostbrasil.com/2017/04/12/133-mil-este-foi-o-numero-de-denuncias-de-direitos-humanos-em-2_a_22037193/>. Acesso em: 24 jan. 2019.

NOGUEIRA, S. N. B.; AQUINO, T. A.; CABRAL, E. A. *Dossiê:* a geografia dos corpos das pessoas trans. [S.l.]: Rede Brasil Trans, 2017.

ORGANIZAÇÃO DAS NAÇÕES UNIDAS. *Declaração Universal dos Direitos Humanos*. Rio de Janeiro: UNIC — Rio, 2009 Disponível em: <https://nacoesunidas.org/wp-content/uploads/2018/10/DUDH.pdf>. Acesso em: 24 jan. 2019.

PEQUENO, M. *Fundamento dos direitos humanos*. In: Direitos Humanos: capacitação de educadores / ZENAIDE, M. N. T.; et al. João Pessoa: Editora Universitária/UFPB, 2008, p. 23–28. Disponível em: <http://portal.mec.gov.br/index.php?option=com_docman&view=download&alias=2186-dirhumanos-volume1-pdf&Itemid=30192>. Acesso em: 24 jan. 2019.

RABENHORST, E. R. *O que são Direitos Humanos?* In: Direitos Humanos: capacitação de educadores / ZENAIDE, M. N. T.; et al. João Pessoa: Editora Universitária/UFPB, 2008, p. 13–21. Disponível em: <http://portal.mec.gov.br/index.php?option=com_docman&view=download&alias=2186-dirhumanos-volume1-pdf&Itemid=30192>. Acesso em: 24 jan. 2019.

WAISELFISZ, J. J. *Mapa da violência 2015:* mortes matadas por armas de fogo. Brasília: Secretaria-Geral da Presidência da República, 2015. Disponível em: <http://www.mapadaviolencia.org.br/pdf2015/mapaViolencia2015.pdf>. Acesso em: 24 jan. 2019.

WOLKMER, A. C. Novos pressupostos para a temática dos direitos humanos. In: RÚBIO, D. S.; FLORES, J. H.; CARVALHO, S. (Org.). *Direitos humanos e globalização:* fundamentos e possibilidades desde a teoria crítica. 2. ed. Porto Alegre: EDIPUCRS, 2010. Disponível em: <http://www.pucrs.br/edipucrs/direitoshumanos.pdf>. Acesso em: 24 jan. 2019.

O homem como objeto dos direitos humanos

Objetivos de aprendizagem

Ao final deste texto, você deve apresentar os seguintes aprendizados:

- Identificar, na história, quando o homem passou a ser detentor de direitos.
- Analisar alguns dos possíveis conflitos entre os direitos humanos e as culturas locais.
- Reconhecer a contemporaneidade de afirmação dos direitos humanos.

Introdução

O estudo sobre o homem como objeto dos direitos humanos integra o campo de estudos, debates e pesquisas interdisciplinares nas áreas do Direito, da sociologia, filosofia e antropologia. Todos os seres humanos nascem livres e iguais, com os mesmos direitos — assim, todo ser humano tem o direito de participar livremente da vida cultural da comunidade, de fruir das artes e de participar do progresso científico e dos seus benefícios. Trata-se de afirmações diretamente relacionadas aos direitos humanos.

Para tanto, precisamos contextualizar historicamente o papel do homem — ser humano — como sujeito de direitos e responsabilidades, conhecer os possíveis conflitos entre os direitos humanos e as culturas locais, bem como discutir a contemporaneidade da afirmação dos direitos humanos.

Neste capítulo, você vai ler sobre os principais aspectos que caracterizam os direitos humanos e o homem como o seu objeto, considerando a história dos direitos humanos e as declarações de reconhecimento e reafirmação desses direitos.

Homem como detentor de direitos

Ao situarmos o Direito como ciência fruto do social, que se ancora ao fato social, ao que é vivido e experimentado pelas pessoas, verificamos que as concepções sobre os sujeitos detentores dos diversos direitos também são construídas ao longo do processo histórico e social. Os direitos humanos fazem parte desse contexto, pois resultam de diversos processos e aspectos históricos.

Ao refletirmos sobre os **direitos humanos** de forma mais detida, podemos observar que, no fundo, são a consolidação de princípios e direitos pelos quais distintas sociedades, em diversas épocas, lutaram para que pudessem estar inseridos nos mecanismos normativos que regem suas respectivas sociedades, no intuito de garantir e ampliar a cidadania e a defesa da dignidade humana, sem nenhuma distinção de classe, raça, cultura, idade, sexo, orientação sexual, religião ou nacionalidade.

Os direitos humanos são, portanto, direitos que as pessoas têm porque são seres humanos. Envolvem a forma como toda e cada pessoa deve ser tratada, como ser livre, com direito de se expressar, de ser aceito e acolhido em qualquer lugar com igualdade. No entanto, nem sempre essa ideia existiu e é aplicada nos diversos lugares do mundo.

Por isso, conhecer o processo pelo qual a humanidade passou a conquistar, reconhecer e consolidar esses direitos é fundamental para a construção da consciência de que todos os seres humanos são iguais, objetos e detentores desses direitos, que possuem direitos universais como pessoas, iguais, fortalecendo os enfrentamentos aos processos de violência, exploração e dominação. Trata-se de uma conquista permanente.

Marconi Pequeno ([199-?], documento on-line), no texto *O sujeito dos direitos humanos*, afirma que:

> A emergência do sujeito de direitos é uma das mais importantes conquistas da modernidade. Com esta noção também surgem alguns dos princípios fundamentais da vida social, como a definição do direito como uma qualidade moral e a caracterização do indivíduo como uma pessoa detentora de dignidade. O termo pessoa nos conduz à ideia de um sujeito moral dotado de autonomia, liberdade e responsabilidade. A pessoa humana é também o sujeito central dos direitos humanos. O sujeito, ao ser apresentado sob a forma pessoa humana, terá agora um instrumento privilegiado de defesa, promoção e realização de sua dignidade: os direitos humanos. Ao sujeito de direitos acrescenta-se agora o fato de ele ser igualmente um sujeito de direitos humanos.

Em termos históricos, diferentes momentos históricos culminaram em documentos chamados de **cartas, ou declarações, de direitos**, que são importantes instrumentos de afirmação de direitos das pessoas — não criam leis, mas declaram/reconhecem direitos. A história nos mostra que o reconhecimento e o respeito somente se concretizam quando os direitos humanos são bem defendidos, respeitados e promovidos por pessoas e instituições, consolidando o homem como detentor desses mesmos direitos.

Sobre as declarações de direitos e os aspectos históricos, pontuamos as principais culminâncias históricas e políticas:

- **Declaração de Direitos da Inglaterra de 1689** — a *bill of rights* iniciou uma nova fase na conquista dos direitos humanos, pois limitava os poderes reais e submetia a monarquia à soberania popular. Previa a igualdade de todas as pessoas perante a lei e a participação do cidadão no governo e na elaboração das leis, entre outros direitos assegurados. Segundo Cerencio (2012, p. 15):

    > [...] a repercussão da Declaração de Direitos foi sentida por diversos países europeus, alcançando inclusive a América. Combinada com os ideais iluministas que circulavam pelo mundo, ela influenciou fortemente os colonos ingleses que se encontravam na América do Norte.

- **Declaração de Independência dos Estados Unidos, de 1776** — documento a partir do qual as colônias na América do Norte declararam independência da então Grã-Bretanha, encerrando um período de conflito entre metrópole e colônia. Declarou direitos inalienáveis, como a vida, a liberdade e a busca da felicidade, integrando os marcos declaratórios do que viriam a ser os direitos humanos.
- **Declaração dos Direitos do Homem e do Cidadão, de 1789** — inspirada nos ideais revolucionários e em filósofos como Rousseau, que defendia a vontade geral e a soberania do cidadão. Foi fruto da Revolução Francesa — movimento que provocou a primeira grande transformação social no Ocidente em defesa dos direitos humanos, com base nos ideais de liberdade, igualdade e fraternidade. Os deputados franceses procuraram proteger legalmente os direitos individuais e declarar os direitos civis e de participação política–cidadania. Alargou a área de aplicação de direitos, ao garantir liberdade e igualdade de nascença, direitos de propriedade, segurança e resistência à opressão, liberdade de pensamento, expressão e culto, além de proteção contra prisões arbitrárias.

- **Declaração Universal dos Direitos Humanos (DUDH), de 1948** — foi aprovada pela assembleia geral da Organização das Nações Unidas (ONU) em 10 de dezembro de 1948. Trata-se de um documento composto de sete preâmbulos e 30 artigos, discorrendo sobre os direitos humanos enquanto fundamentais a todas as pessoas, sendo um compêndio que elenca os aspectos essenciais dos direitos civis, políticos, sociais e econômicos. A ONU é formada por países que voluntariamente se uniram com o objetivo de promover a paz mundial, o desenvolvimento econômico e social e o respeito aos direitos humanos, além de facilitar a cooperação internacional. Essa declaração foi discutida e elaborada no contexto pós-Segunda Guerra Mundial, de conflito e barbárie, até ser publicada em 10 de dezembro de 1948 — a partir de quando passou a ser a principal base das discussões e ações internacionais referentes aos direitos humanos. Diversas legislações surgiram em decorrência dessa declaração.

Fique atento

A filosofia europeia dos séculos XVII e XVIII foi marcada por grandes pensadores iluministas que, direta ou indiretamente, colaboraram com a conquista dos direitos humanos, como Thomas Hobbes (1588–1679) e John Locke (1632–1704). Hobbes acreditava que a condição natural da humanidade era a guerra, pois, por natureza, cada pessoa teria direito a tudo que desejasse, por isso era necessária uma autoridade em torno de um contrato social. Os cidadãos deveriam ceder seus direitos aos monarcas em troca de proteção. Locke também acreditava que os governados deveriam ceder alguns direitos em troca de proteção, mas alguns direitos ficariam de fora do acordo. Para ele, a liberdade não era uma concessão, pois derivava da natureza, e os direitos individuais (como a propriedade) deveriam estar assegurados. O contrato social surgia quando os indivíduos de uma comunidade consentissem a um governante a função de centralizar o poder público. Locke colaborou com o desenvolvimento dos direitos humanos ao defender o direito à vida, à liberdade e à propriedade, bem como ao apoiar a liberdade de imprensa e a separação dos poderes, por exemplo.

Nesse sentido, os aspectos históricos sob os quais podemos compreender o sentido dos direitos humanos têm as suas certidões de nascimento na independência dos Estados Unidos e na Revolução Francesa, marco histórico da contemporaneidade, ambos ocorridos na segunda metade do século XVIII. A **DUDH**, elaborada no século XX, guarda uma relação com esses dois marcos históricos, cujo fato direto para seu surgimento está no genocídio de milhões de vidas, causado pelo holocausto, na Segunda Guerra.

Essa linha de pensamento está baseada em uma história social dos direitos humanos. Os dois fatos históricos ocorridos no século XVIII marcaram a consolidação do poder da burguesia na Europa e, a partir de suas lutas, conseguiram a instituição dos direitos civis como parte dos direitos fundamentais dos cidadãos. Nos séculos anteriores, conseguiram a ampliação dos direitos políticos e econômicos, mas a instituição dos direitos civis marcou o fim dos privilégios da nobreza e da sua hegemonia sobre os demais cidadãos.

Desde a Revolução Francesa e a independência norte-americana para a DUDH, em 1948, muitas coisas aconteceram. Entretanto, foi apenas com a Segunda Guerra que o esforço pela garantia da dignidade humana ganhará atenção mundial, ao menos para os países diretamente envolvidos no conflito armado mais mortífero da história da humanidade. Isso porque, nesse conflito mundial, milhões de pessoas perderam suas vidas em confrontos e outras foram mortas e desaparecidas por razões religiosas, políticas, étnico-raciais e de orientação sexual.

Com o interesse de defender a inviolabilidade dos direitos dos seres humanos, foi criada a ONU, em 1945, que encabeçou a discussão e elaboração DUDH, orientando, assim, a compreensão atual que possuímos acerca deles. A principal preocupação imediata das nações era evitar novos acontecimentos como o que a Europa e o mundo tinham acabado de vivenciar.

Direitos humanos e culturas locais

Que relação existe entre os costumes e as culturas particulares com a consciência que temos da universalidade dos direitos humanos — que devem ser válidos para todas as pessoas em todos os lugares? Há costumes culturais que podem contradizer os direitos humanos?

Essas questões se relacionam à coexistência de diferentes culturas, ao que se chama de **multiculturalismo**. Na perspectiva internacional, verificamos as diferentes culturas, religiões, etnias, raças e formas de organização social, assim como em âmbito nacional — no Brasil, por exemplo, vivenciamos esse aspecto, considerando ainda a história da constituição do País a partir de diferentes matrizes culturais, como indígenas, africanas, afro-brasileiras e europeias.

É possível que surjam dilemas quando o multiculturalismo, ou a pluralidade de culturas, colide com a ideia de direitos iguais de todas as pessoas sem distinção, sendo que, em razão de práticas locais, culturas e costumes, o que em um determinado local ou país é considerado uma violação aos direitos humanos, em outras regiões, pode não ser, sendo considerado um costume ou uma prática há muito realizada.

A esse respeito, André de Carvalho Ramos (2014, p. 176) coloca que:

> Em várias situações, parte da doutrina e Estados opõem-se à aplicação de determinados direitos, que seriam ofensivos às práticas culturais ou mesmo às opções legislativas locais. Cite-se o conhecido exemplo da clitoridectomia (mutilação da genitália feminina), tratado como violação da dignidade da mulher e de sua integridade física e defendida por alguns por ser tal prática uma tradição cultural.

Há desafios em relação à dificuldade da universalização dos direitos humanos em determinados contextos sociais e culturais. Entretanto, é necessário realizar um diálogo intercultural e avaliar, objetivamente, caso a caso, com a finalidade de tornar eficazes a proteção e a promoção universal dos direitos humanos, sem que a ideia de universalização cause uma tentativa de imposição de valores de uma determinada sociedade ou grupo sobre outro, mas colocando em relevo os benefícios que a humanidade possui na reafirmação desses direitos com base na dignidade humana e no direito à vida e à igualdade.

Nesse cenário, há diferentes posicionamentos políticos e teóricos, como é o caso dos **universalistas** (que devem a aplicação universal dos direitos humanos) e os **relativistas** (que argumentam sobre a necessidade de considerar história, costumes e cultura local, relativizando determinadas situações).

 **Fique atento**

Notícias recentes apontam a existência de cerca de 19 mil crianças-soldado no Sudão do Sul — crianças colocadas e recrutadas para atuar nas forças armadas em situações de conflitos armados locais, sob a justificativa de que devem proteger seus territórios, culturas e comunidades, junto com os adultos. A ONU e os embaixadores documentaram violações a esse respeito e têm atuado na superação dessa violação, considerando que crianças são pessoas em desenvolvimento e nenhuma justificativa pode colocá-las em situação de violação de seus direitos em determinada localidade (ONUBR, 2018).

Como visto, em relação aos aspectos históricos e às declarações de direitos, os direitos humanos surgiram, paulatinamente, como um conjunto de garantias do ser humano, que têm como escopo precípuo o respeito à sua dignidade, por meio de sua proteção contra o arbítrio de grupos que detêm maior poder (econômico, político, social, entre outros) em um momento histórico, bem como uma proteção frente ao poder estatal, a partir do estabelecimento de condições mínimas de vida. Assim, o diálogo intercultural como mecanismo de proteção e promoção dos direitos humanos é um aspecto primordial na reafirmação desses direitos no mundo contemporâneo.

A contemporaneidade da afirmação dos direitos humanos

De acordo com as informações do portal da ONU no Brasil (ONUBR, 2018):

> Os direitos humanos são direitos inerentes a todos os seres humanos, independentemente de raça, sexo, nacionalidade, etnia, idioma, religião ou qualquer outra condição.
> Os direitos humanos incluem o direito à vida e à liberdade, à liberdade de opinião e de expressão, o direito ao trabalho e à educação, entre muitos outros. Todos merecem estes direitos, sem discriminação.
> O Direito Internacional dos Direitos Humanos estabelece as obrigações dos governos de agirem de determinadas maneiras ou de se absterem de certos atos, a fim de promover e proteger os direitos humanos e as liberdades de grupos ou indivíduos. [...]
> Algumas das características mais importantes dos direitos humanos são:
> - Os direitos humanos são fundados sobre o respeito pela dignidade e o valor de cada pessoa;
> - Os direitos humanos são universais, o que quer dizer que são aplicados de forma igual e sem discriminação a todas as pessoas;
> - Os direitos humanos são inalienáveis, e ninguém pode ser privado de seus direitos humanos; eles podem ser limitados em situações específicas. Por exemplo, o direito à liberdade pode ser restringido se uma pessoa é considerada culpada de um crime diante de um tribunal e com o devido processo legal;
> - Os direitos humanos são indivisíveis, inter-relacionados e interdependentes, já que é insuficiente respeitar alguns direitos humanos e outros não. Na prática, a violação de um direito vai afetar o respeito por muitos outros;
> - Todos os direitos humanos devem, portanto, ser vistos como de igual importância, sendo igualmente essencial respeitar a dignidade e o valor de cada pessoa.

A reflexão sobre a necessidade de reafirmação dos direitos humanos tem relação com o combate às desigualdades, violências e distorções — práticas e discursivas — sobre esses direitos. Os princípios, as características e os fundamentos que pautam os direitos humanos, notadamente ligados à dignidade de todas as pessoas, levam à necessidade de enfrentar, superar e romper os preconceitos e as deturpações que os rondam a todo momento, para que possamos ter, efetivamente, uma promoção e defesa qualificada, mas ao mesmo tempo crítica dos direitos humanos.

Somadas às questões históricas, no cotidiano, é possível se deparar com diferentes situações e pessoas, muitas vezes ocultas e marginalizadas do convívio na sociedade. Há conflitos e contradições presentes na garantia dos direitos humanos em uma sociedade desigual e capitalista, como é o caso da brasileira. Assim, ter a consciência de todos esses conflitos que permearam a forja dos direitos humanos é reconhecer que direitos são conquistas, não aspectos inerentes ou da essência de nossa humanidade.

Afirmá-los inalienáveis, indivisíveis e universais, assim, é um ato político e não garante a sua plena efetivação, exigindo esforços em sua defesa e promoção. Com os direitos humanos, há o reconhecimento de que temos direito a termos direitos (civis, políticos, econômicos, sociais, culturais, ambientais, entre outros), daí a contemporaneidade da afirmação desses direitos.

Nesse sentido, os direitos humanos se contrapõem ao **valor humano**, que busca essencializar características e aspectos dos seres humanos, em uma suposta natureza humana anterior, que não existe senão intimamente ligada aos aspectos históricos e culturais que moldaram a nossa humanidade.

Outra distorção que deve ser desfeita em torno dos direitos humanos está relacionada ao senso comum de que se trata de **direitos de bandidos**.

Link

Sobre a expressão direito de bandidos, leia os artigos nos seguintes links.

https://goo.gl/z6UA7f

https://goo.gl/gLeL7u

Trata-se de uma bandeira relacionada à violência que atinge a nossa sociedade. Embora haja um componente histórico que baseia esse preconceito, que remonta ao momento histórico da ditadura militar brasileira, o combate dos direitos humanos em relação à violência vai no sentido de romper com a **espiral de violência** que determinadas ações provocam, sejam elas governamentais ou da sociedade civil.

Tais ações acabam por não combater, de forma efetiva, as causas que levam ao quadro da violência. Ou seja, com os princípios dos direitos humanos, busca-se combater as condições sociais que geram a violência, não proteger bandido.

Fique atento

Destaca-se que, para além do Brasil, do ponto de vista histórico e político, a América Latina como um todo foi vítima de ditaduras militares ou civis que devastaram o continente e ameaçaram e violaram inúmeros direitos humanos. "Paradoxalmente, naquela época, a luta pelos direitos do homem se desenvolveu fortemente e vimos surgirem movimentos alternativos ao direito e à justiça" (SOUTO; FALCÃO, 1999, p. 162).

Precisamos compreender que, quando se denunciam as condições e os tratamentos desumanos no sistema carcerário, isso não entra em contradição com o reconhecimento das responsabilidades penais perante à sociedade que um determinado indivíduo tem ao cometer um crime, mas busca compreender que tais condições têm consequências negativas para toda a sociedade, pois não dá condições para que a pessoa criminosa tenha chances de ressocialização. Da mesma forma, essas condições pressionam negativamente o sistema de justiça e dos profissionais que atuam nela, principalmente os da segurança pública e do sistema penitenciário.

Link

Como você leu neste capítulo, os direitos humanos têm um papel fundamental na sociedade. Assim, selecionamos alguns sites para que você possa aprofundar os seus conhecimentos sobre o assunto. Veja a seguir.

Relatório anual da Anistia Internacional *O estado dos direitos humanos no mundo 2016/2017*:

https://goo.gl/M8nFwH

Sistemas internacionais de direitos humanos.

https://goo.gl/OL1H

> Livros de livre acesso na internet nos links a seguir.
> *Fundamentos históricos e ético-filosóficos da educação em direitos humanos.*
>
> **https://goo.gl/aSMc6R**
>
> *Fundamentos teórico-metodológicos educação em direitos humanos.*
>
> **https://goo.gl/FET8fj**

Devemos compreender que, antes de tudo, o que se defende ao afirmarmos a necessidade de assegurar condições dignas das pessoas privadas de liberdade é a segurança de todos os envolvidos nesse cenário, para compreender os impactos positivos que isso terá no âmbito de toda a sociedade. Os indivíduos encarcerados não deixam de ter suas condições de cidadanias quando estão privados de liberdade, pois encontram-se com elas restringidas, mas estão resguardados pelos demais direitos garantidos pelas normativas jurídicas que regem a nossa sociedade, bem como os direitos humanos existentes.

Portanto, promover e defender os direitos humanos envolvem lutar pelos princípios:

- da dignidade humana;
- da igualdade de direitos;
- do reconhecimento;
- da valorização das diferenças e das diversidades.

Saiba mais

Diferentes organizações, instituições e pessoas, em âmbito nacional e internacional, atuam na proteção, no respeito e na promoção dos direitos humanos — que é uma tarefa dos países, por meio dos seus estados, políticas públicas e cidadãos. No campo programático, contamos com o Programa Nacional de Direitos Humanos (PNDH — 3), definido pela então Secretaria de Direitos Humanos no ano de 2010 — importante documento pela luta na implantação de políticas voltadas à efetivação dos direitos humanos (BRASIL, 2010).

Com relação à atuação de organizações voltadas à proteção de determinados direitos humanos e luta por sua garantia e efetivação para todos ou para grupos historicamente vulneráveis e minorados na sociedade, há aquelas direcionadas à proteção de direitos de crianças, adolescentes, mulheres, população negra, refugiados e comunidades indígenas para a efetivação do direito à educação, entre outros. Um exemplo, no Brasil, é a organização Conectas, que você pode conferir no link a seguir.

https://goo.gl/gzq1P

Referências

BRASIL. Secretaria de Direitos Humanos da Presidência da República. *Programa Nacional de Direitos Humanos (PNDH — 3)*. Brasília: SEDH/PR, 2010. Disponível em: <http://www.sdh.gov.br/assuntos/direito-para-todos/programas/pdfs/programa-nacional-de-direitos-humanos-pndh-3>. Acesso em: 16 mar. 2018.

CERENCIO, P. Um passeio pela história dos direitos humanos. In: CARDOSO, M.; CERENCIO, P. (Org.). *Direitos humanos:* diferentes cenários, novas perspectivas. São Paulo: Editora do Brasil, 2012.

ONUBR. *No Sudão do Sul, 75% das crianças nasceram durante a guerra. 2018.* Disponível em: <https://nacoesunidas.org/no-sudao-do-sul-75-das-criancas-nasceram-durante-a-guerra/>. Acesso em: 23 jan. 2019.

ONUBR. *O que são os direitos humanos?.* 2017. Disponível em: <https://nacoesunidas.org/direitoshumanos/>. Acesso em: 23 jan. 2019.

PEQUENO, M. *O sujeito dos direitos humanos.* [199-?]. Disponível em: <http://www.dhnet.org.br/dados/cursos/edh/redh/01/03_marconi_pequeno_sujeito_dos_dh.pdf>. Acesso em: 13 mar. 2018.

RAMOS, A. de C. *Teoria geral dos direitos humanos na ordem internacional.* São Paulo: Saraiva, 2014.

SOUTO, C.; FALCÃO, J. *Sociologia e Direito:* textos básicos para a disciplina de sociologia jurídica. São Paulo: Pioneira, 1999.

Leituras recomendadas

ANISTIA INTERNACIONAL. *Informe 2016/2017*: o estado dos direitos humanos no mundo. 2017. Disponível em: <https://anistia.org.br/direitos-humanos/informes-anuais/relatorio--anual-o-estado-dos-direitos-humanos-mundo-20162017/>. Acesso em: 16 mar. 2018.

ORGANIZAÇÃO DAS NAÇÕES UNIDAS. *Declaração universal dos direitos humanos*. Paris: [s. n.], 1948. Disponível em: <http://www.onu.org.br/img/2014/09/DUDH.pdf>. Acesso em: 16 mar. 2018.

RIFIOTIS, T. *Direitos humanos:* sujeitos de direitos e direitos do sujeito. [199-?]. Disponível em: <http://www.dhnet.org.br/dados/livros/edh/br/fundamentos/15_cap_2_artigo_07.pdf>. Acesso em: 16 mar. 2018.

Movimentos sociais e direitos humanos

Objetivos de aprendizagem

Ao final deste texto, você deve apresentar os seguintes aprendizados:

- Descrever o Estado, a sociedade e os direitos humanos.
- Reconhecer a história e a evolução dos direitos humanos no Brasil.
- Discutir sobre o papel dos movimentos sociais em defesa dos direitos humanos.

Introdução

Os movimentos sociais são uma forma de organização da sociedade civil segundo a qual as pessoas se reúnem e, de forma coletiva, organizam-se com a finalidade de realizar mudanças sociais por meio da luta política, compartilhando valores ideológicos e questionando a realidade.

Neste capítulo, você estudará o conceito de Estado, sociedade e direitos humanos. Também lerá a respeito da história e evolução dos direitos humanos no Brasil, bem como sobre o papel dos movimentos sociais em defesa dos direitos humanos.

Estado, sociedade e direitos humanos

A seguir, você verá brevemente os conceitos de Estado, sociedade e direitos humanos e como eles estão relacionados à questão dos direitos humanos.

Estado

O Estado é uma organização social soberana que possui poder supremo sobre os indivíduos em uma sociedade, tendo legitimidade para exercê-lo, inclusive com a força física, se necessária for. Dessa forma, entende-se que somente as organizações estatais são reconhecidas pelo povo para ditar regras que todos devem seguir e possuem autoridade e poder para regular o funcionamento da sociedade em um território. O exercício do poder ao qual se refere é a capacidade de o Estado influenciar a ação e o comportamento das pessoas, de forma decisiva. Apesar das características citadas, definir Estado não é fácil, uma vez que na ciência política sua definição ainda é imprecisa, levando as pessoas a confundirem Estado com governo, país, regime político ou sistema econômico.

O conceito de Estado é dinâmico, porém, pode-se dizer que desde sua origem até os dias atuais certos aspectos prevalecem, como a existência do território e do povo. Alguns autores afirmam que o conceito de Estado não é universal, servindo apenas para indicar e descrever uma forma de ordenamento político. O que se pode afirmar é que "[...] o Estado não admite concorrência e exerce de forma monopolista o poder político, que é o poder supremo nas sociedades contemporâneas" (COELHO, 2009, p. 16). Nesse contexto, Estado e poder são termos que não se dissociam. O Estado tem três funções fundamentais, das quais decorrem todas as suas ações (COELHO, 2009):

- legislativa, porque elabora as leis e o ordenamento jurídico, necessários à vida em sociedade;
- executiva, porque assegura que as leis sejam cumpridas;
- judiciária, porque julga a adequação ou não dos atos particulares sob as leis existentes.

Fique atento

Em qualquer sociedade humana existe uma ordem jurídica e um poder político, que na verdade trata-se de um poder jurídico, uma vez que sua legitimidade é reconhecida pela ordem jurídica, fazendo-se obedecer por meio de normas jurídicas pelas quais exerce a dominação estatal (COELHO, 2009).

Sociedade

A sociedade pode ser caracterizada por um grupo de pessoas que compartilham a mesma cultura e as tradições e se localizam no mesmo tempo e espaço. Todo homem está concentrado na sociedade em que está inserido, sendo influenciado por ela em sua formação como indivíduo. A sociedade humana surgiu com a finalidade de atender as suas necessidades, pois desde os primórdios o ser humano precisa de ajuda para sobreviver e tem a tendência e a necessidade de viver em grupo para se desenvolver, o que faz a sociedade ser considerada uma rede de relações entre indivíduos, grupos sociais e organizações. Essas relações são chamadas de relações sociais, a base da existência da sociedade, a qual é construída diariamente por meio da organização social e da participação individual, que definem, de forma ativa, o seu modelo de referência para determinado grupo de pessoas.

Por ter a capacidade de organização e cumprimento de normas, vive-se em sociedade, na qual a relação estabelecida se constitui por constantes trocas, não apenas sob a lógica do lucro, mas também sob a forma simbólica, por meio da criação e manutenção de laços de solidariedade que dão significado à sociedade. Dessa forma, o comportamento humano é permeado por grande complexidade, em que os indivíduos são influenciados pelo meio em que vivem, formando-se e agindo conforme sua formação, influenciando também a sociedade. O comportamento das pessoas sofre influências culturais e históricas, e para que possam se desenvolver, elas têm como referência o comportamento ditado pela sociedade.

Quando se fala em sociedade, não se pode deixar de mencionar a sociedade civil, que é a forma como ela se organiza politicamente para influenciar o Estado e suas políticas públicas. Não é fácil conceituar sociedade civil, uma vez que ela possui grande diversidade de significados e é produto de uma construção histórica, cultural, geográfica, social e política, sofrendo variações à medida que mudam os autores, as épocas, os contextos históricos e as perspectivas políticas que a influenciam e a enriquecem (LAVALLE, 1999; SCHOLTE, 2002).

A sociedade civil é uma parte importante da história, uma vez que abrange uma dimensão ampla da vida social. No Brasil, sua reorganização foi estimulada pela rápida urbanização quando deslocou pessoas de baixa renda do campo para as cidades urbanas, em locais onde os serviços públicos eram incipientes, o que as fez se organizarem para lutar por eles (SANTOS, 1979; CALDEIRA, 2000); e pela modernização econômica do país, que transformou as políticas de planejamento urbano, saúde e educação em questões tecnocráticas, fazendo os atores de classe média (economistas, médicos, advogados, professores universitários) reagirem a esse projeto, organizando meios de ação coletiva e associação para disputar os elementos tecnocráticos (BOSCHI, 1987; ESCOREL, 1999; AVRITZER, 2002).

A liberdade, a justiça e a proteção do ambiente, bem como a ideia da divisão em classes sociais, grupos de interesse e indivíduos centrados na própria realização, são alguns dos objetivos universais da sociedade civil, na qual todos os membros correspondem ao seu capital, ao seu conhecimento e à sua capacidade de se organizar e se comunicar. Nesse contexto, as pessoas se unem de modo voluntário em torno de valores ou iniciativas com objetivos específicos, geralmente na forma de organizações, associações, institutos, fundações etc. Pode-se entender a sociedade civil como o local em que a sociedade e o Estado interagem socialmente por meio das famílias, associações, movimentos sociais e meios de comunicação pública (TESSMANN, 2007).

Na sociedade civil, os conflitos acontecem e precisam ser administrados pelo Estado. Nesse contexto, ela atua como uma organização de interesses materiais e ideais; já o Estado como a organização da autoridade, sendo que ambos são indivisíveis e interdependentes. No entanto, o motor da história é a sociedade civil, que firma seu papel em lutas sociais, criação de consenso e ampliação do Estado, pois quanto maior for a organização popular em uma sociedade, maior é a chance de o Estado se ampliar, no sentido de abarcar os interesses da coletividade. Dessa forma, a relação entre eles pode garantir as condições necessárias para enfrentar, romper e construir uma nova ordem social, que possibilite ao Estado acolher as demandas da sociedade organizada.

Nesse contexto, a participação social é fundamental, uma vez que contribui para a construção do consenso em relação ao interesse público, orientando o Estado no atendimento às demandas da sociedade, sejam públicas ou privadas. O atendimento a essas demandas configura-se como forma de legitimação do Estado, porque quanto maior for a capacidade de resposta às demandas da população, mais ele se tornará legítimo como agente de regulação social, apesar de sua essência política (BEZERRA, 2016).

Direitos humanos

Pode-se entender os direitos humanos como aqueles inerentes ao ser humano, como o direito à vida e à liberdade, à liberdade de opinião e expressão, ao trabalho e à educação, entre outros, independentemente de raça, sexo, nacionalidade, etnia, idioma, religião, opinião política ou qualquer outra condição, por exemplo, origem social ou nacional, ou condição de nascimento ou riqueza. Todos possuem direitos, sem discriminação. Eles são garantidos por lei e visam proteger os indivíduos e grupos contra quaisquer ações que possam interferir no gozo das liberdades fundamentais e na dignidade humana. São características importantes dos direitos humanos (ONUBR, 2017, documento on-line):

> Os direitos humanos são fundados sobre o respeito pela dignidade e o valor de cada pessoa; os direitos humanos são universais, o que quer dizer que são

aplicados de forma igual e sem discriminação a todas as pessoas; os direitos humanos são inalienáveis, e ninguém pode ser privado de seus direitos; eles podem ser limitados em situações específicas. [...] os direitos humanos são indivisíveis, inter-relacionados e interdependentes, já que é insuficiente respeitar alguns direitos humanos e outros não. Na prática, a violação de um direito vai afetar o respeito por muitos outros; todos os direitos humanos devem, portanto, ser vistos como de igual importância, sendo igualmente essencial respeitar a dignidade e o valor de cada pessoa.

Um dos principais documentos da área é a Declaração Universal dos Direitos Humanos (DUDH), que foi lançada em 1948 e prevê a proteção universal dos direitos humanos, fundando os alicerces da nova convivência humana e buscando sepultar o ódio e os horrores do nazismo, do holocausto e do grande morticínio, o qual tirou a vida de aproximadamente 50 milhões de pessoas em seis anos de guerra. São diversos os pactos, os tratados e as convenções internacionais que vieram depois dela, construindo a cada dia um arcabouço mundial para a proteção dos direitos humanos. A declaração é um marco na história, uma norma comum que deve ser obedecida por todos os povos e nações; já serviu de inspiração para a constituição de muitos Estados e democracias recentes; e é o documento mais traduzido no mundo, em mais de 500 idiomas (ONUBR, 2017; BRASIL, 2010).

Link

Para ler a DUDH na íntegra, acesse o link a seguir.

https://goo.gl/8BGSf4

A sociedade civil é um ator essencial para a efetivação dos direitos humanos, por ser um processo que não se dá apenas pela integração desses direitos em aparatos legais, no âmbito nacional ou internacional. É ela quem cria e recria as condições necessárias para que esses direitos sejam validados e concretizados por meio de ações que devem considerar alguns aspectos (VIEIRA; DUPREE, 2004), como os que você verá a seguir.

- Promover uma gama de ações para todos os grupos sociais: isso significa que os discursos dos direitos humanos devem ser objetivos e acessíveis a uma diversidade de percepções e atrair grupos esquecidos e imperceptíveis como proponentes das mudanças necessárias à justiça. Na sociedade civil nascem os conflitos entre os pedidos por justiça, e discutir sobre os direitos humanos não cria mecanismos para a resolução dessas questões. No entanto, enquanto se discute, cria-se um espaço de interação e diálogo entre todos os envolvidos em determinado problema, podendo, sim, se chegar à resolução de alguns deles.

- Tornar a injustiça pública: a sociedade civil contribui para a consolidação dos direitos humanos quando leva a injustiça à esfera pública. Para que isso seja possível, é preciso que a associação e o diálogo estejam abertos e com o mínimo de intervenção. Dessa forma, os grupos que atuam em questões sobre os direitos humanos tornam pública a injustiça ao defender mudanças ou exercer pressão para que elas aconteçam. Essa pressão pode ocorrer por meio do fornecimento de informações, educação para o público e outros grupos, propondo políticas públicas e encaminhando ações legais.
- Proteger o espaço privado: os grupos de direitos humanos protegem o espaço no qual os indivíduos se expressam e se desenvolvem quando buscam as condições necessárias para essa ação, reforçando os limites de atuação do Estado e do mercado.
- Intervir e interagir diretamente nos sistemas legais e políticos: hoje existem muitas leis e políticas voltadas para os direitos humanos. No entanto, essas normas apenas se efetivam de acordo com sua prática, refinamento e aprovação, sendo validadas pela sociedade civil. Grupos de direitos humanos participam de forma ativa nesse processo quando levam casos legais aos tribunais, fornecem informações e dados essenciais para o refinamento das políticas públicas e propõem novos mecanismos capazes de criar um sistema que apoie os direitos humanos. Essa deve ser uma intervenção estratégica focada na mudança de paradigma e na pressão sobre a política governamental, para que seja mais consistente com o seu discurso.
- Promover a inovação social: a inovação social precisa ser factível, e o diálogo, o *feedback* e os resultados devem estar abertos e serem justificáveis a diversas perspectivas. A inovação social surge como uma resposta direta às injustiças localizadas na sociedade civil. Os inovadores são os que possuem profunda consciência, estão envolvidos com aqueles que são afetados pela injustiça e, trabalhando com eles, experimentam e criam outras formas de encontrar soluções.

A sociedade civil é o principal ator para criar condições a fim de que os direitos humanos sejam efetivados. Ela promove o discurso que legaliza as normas dos direitos, voltados principalmente aos grupos esquecidos e imperceptíveis, e que pode variar de acordo com as diferentes estratégias e meios, os quais permitem a efetivação da lógica dos direitos humanos na sociedade. Porém, se ela é um agente tão importante para a consolidação dos direitos humanos, por que isso não acontece? Para Vieira e DuPree (2004), a sociedade não está protegida contra o Estado e o mercado, nem possui poder sobre eles, pois é fragmentada, não possui recursos e necessita de financiamentos. Desse modo, ao mesmo tempo em que flexibilidade, diversidade e voluntariado são potencialidades da sociedade civil, são também sua fraqueza, uma vez que ainda são um desafio para os movimentos de direitos humanos.

A fragmentação, a neutralização do discurso e a dependência de recursos são barreiras que dificultam o avanço dos aspectos citados anteriormente. No entanto, estratégias como a melhoria da capacidade de comunicação e educação, o investimento em modelos socialmente inovadores e a construção de redes de direitos humanos que cessem a fragmentação e fortaleçam a utilização dos recursos podem possibilitar um maior impacto e melhores resultados na efetivação dos direitos humanos (VIEIRA; DUPREE, 2004).

História e evolução dos direitos humanos no Brasil

Por se tratar de um instrumento importante, de proteção a todas as pessoas do mundo, os direitos humanos são assegurados por muitos tratados e documentos jurídicos em diversos países, inclusive no Brasil. Há vários meios existentes no país para assegurá-los a todos os cidadãos, porém, apesar disso, esse objetivo ainda não foi atingido em sua totalidade. A sua proteção no Brasil está diretamente ligada à história das Constituições brasileiras, marcada por avanços e retrocessos.

A Constituição Imperial de 1824, a primeira do Brasil, declarou os direitos fundamentais em 35 incisos do art. 179. Apesar de aprovada, apresentou-se como uma Constituição liberal, com direitos parecidos com os encontrados nos textos constitucionais dos Estados Unidos e da França, defendendo a imunidade dos direitos civis e políticos. No entanto, com a criação do poder moderador que dava ao Imperador poderes constitucionais ilimitados, inclusive o de interferir no exercício dos demais poderes, a efetivação desses direitos foi prejudicada (DIMOULIS; MARTINS, 2007).

A Constituição Republicana de 1891 manteve os direitos fundamentais declarados na Constituição de 1824, e no rol de direitos e garantias fundamentais, instituiu o *habeas corpus*, antes concedido somente em nível de legislação ordinária; garantiu a liberdade de culto a todas as pessoas, motivada pela separação entre o Estado e a Igreja; e ampliou a titularidade dos direitos fundamentais aos estrangeiros que residiam no país, ao contrário da Constituição de 1824 que os estendia apenas a cidadãos brasileiros (DIMOULIS; MARTINS, 2007).

A Constituição de 1934 manteve uma série de direitos fundamentais similares aos especificados na de 1981, mas inovou estabelecendo normas de proteção ao trabalhador, como a proibição da diferença de salário em virtude de sexo, idade, nacionalidade ou estado civil; a proibição de trabalho para menores de 14 anos; o repouso semanal remunerado; a jornada de trabalho limitada a 8 horas diárias; a determinação de um salário mínimo; e a criação dos institutos do mandado de segurança e da ação popular (DIMOULIS; MARTINS, 2007).

A Constituição de 1937 instituiu o Estado Novo, reduziu os direitos e as garantias individuais, destituiu o mandado de segurança e da ação popular, instituídos na Constituição de 1934, que foram novamente restaurados e ampliados na Constituição de 1946, assim como os direitos sociais (BULOS, 2003). Em seguida, com a ditadura militar, a Constituição de 1946 foi derrubada e a de 1967 apresentou grandes retrocessos, como a supressão da liberdade de publicação, restringindo o direito de reunião, estabelecendo foro militar para os civis, mantendo todas as punições e arbitrariedades decretadas pelos Atos Institucionais (AI), entre outros.

Outras modificações foram a redução da idade mínima do trabalho para 12 anos, a restrição ao direito de greve, a eliminação da proibição de diferença de salário por motivos de idade e nacionalidade, e a cessão de vantagens mínimas ao trabalhador, como o salário-família. Em 1969, a Constituição de 1967 passa por reformas significativas por meio de emendas aditivas e supressivas, ficando em vigor até o final de 1968, quando o AI-5 foi decretado, repetindo todos os poderes descritos no AI-2. Além disso, ampliou a margem de arbítrio, deu poder ao governo para confiscar bens e suspendeu a garantia do *habeas corpus* para casos de crimes políticos, contra a segurança nacional, a ordem econômica e social e a economia popular. Dessa forma, o AI-5 não se associa à doutrina dos direitos humanos e muito menos à Emenda de 1969, que incorporou em seu texto as medidas autoritárias dos AI (DIMOULIS; MARTINS, 2007).

Por fim, a Constituição de 1988, conhecida como Constituição Cidadã, é promulgada, garantindo a proteção dos direitos humanos, sendo considerada uma das Constituições mais avançadas do mundo nesse sentido. Ela faz referência aos direitos fundamentais em várias partes de seu texto e garante aos cidadãos, por exemplo, os direitos civis, políticos, econômicos, sociais e culturais em seu art. 1 e o direito à vida, à privacidade, à igualdade, à liberdade e a outros direitos fundamentais, individuais ou coletivos no art. 5, entre outros.

Para garantir a cidadania e a dignidade humana, a Constituição de 1988 defende princípios como (MARCHINI NETO, 2012):

- igualdade de gêneros;
- erradicação da pobreza, da marginalização e das desigualdades sociais;
- promoção do bem de todos, sem preconceitos de origem, raça, gênero, idade ou cor;
- racismo como crime imprescritível;
- direito à saúde, à previdência, à assistência social, à educação, à cultura e ao desporto;
- reconhecimento de crianças e adolescentes como pessoas em desenvolvimento;
- estabelecimento da política de proteção ao idoso, ao portador de deficiência e aos diversos agrupamentos familiares;
- orientação de preservação da cultura indígena.

Com os direitos humanos garantidos na Constituição de 1988, o Governo Federal passou a ter compromisso com eles e, hoje, estes são geridos como uma política pública, o Programa Nacional de Direitos Humanos (PNHD), instituído pelo Decreto nº. 7.037, de 21 de dezembro de 2009, atualizado pelo Decreto nº. 7.177, de 12 de maio de 2010.

Link

Para conhecer o PNHD, acesse o link a seguir.

https://goo.gl/jhT6vZ

No entanto, após décadas da promulgação da Constituição de 1988, ainda são muitas as dificuldades existentes para tirar esses princípios do papel. Os direitos humanos no Brasil são uma questão marcada por contradições, pois, apesar de assegurar conquistas inéditas concedidas aos direitos sociais, sobretudo em relação às questões sociais, apresenta grandes desigualdades sociais, nos âmbitos racial e regional, e precariedade quanto à segurança individual, à integridade física e ao acesso à justiça, que comprometem o usufruto desses direitos. Para Neves (1997), ainda existe um hiato significativo no Brasil em relação ao mundo real e legal.

Apesar de o texto constitucional vigente estimular a cidadania ativa, o País está perdendo o ponto de partida para superar a distância entre o mundo real e o formal — um país no qual a sociedade civil tenha real importância; e o Estado, efetiva função garantidora e implementadora de direitos sociais, ainda é um desafio a ser superado.

Saiba mais

PNDH foi elaborado em conjunto à sociedade, por meio de ampla consulta, na qual dezenas de entidades e centenas de pessoas apresentaram sugestões e críticas, participando de debates e seminários. A maior parte das ações contidas nesse documento visa cessar a banalização da morte, seja no trânsito, em filas de prontos-socorros, nos presídios, por armas de fogo, em chacinas de crianças e trabalhadores rurais. Ele visa ainda impedir a perseguição e a discriminação contra os cidadãos (BRASIL, 1996).

De acordo com o relatório estado dos direitos humanos no mundo (2017), o Brasil ainda apresenta falhas em direitos humanos com a ocorrência de problemas como (ANISTIA INTERNACIONAL BRASIL, 2017):

- alta taxa de homicídios, principalmente entre jovens negros;
- abusos policiais e execuções extrajudiciais, efetuados por policiais em operações formais ou paralelas;
- situação do sistema prisional;
- vulnerabilidade dos defensores de direitos humanos, sobretudo em áreas rurais;
- violência sofrida pela população indígena, principalmente em decorrência de falhas nas políticas de demarcação de terras;
- várias formas de violência contra as mulheres.

Há grande preocupação com a persistência desses problemas, e muitos direitos humanos ainda são violados, mesmo com o avanço em questões como a redução da pobreza. No entanto, apesar das falhas do governo na melhoria dessa situação, a sociedade tem trabalhado para mudar esse cenário, por meio de mobilização das periferias e favelas, principais vítimas das violações de direitos humanos, e de diversas manifestações de pessoas saindo às ruas ou lançando campanhas para reivindicar seus direitos.

Movimentos sociais em defesa dos direitos humanos

Na década de 1970, surgem os movimentos reivindicando a efetivação dos direitos sociais de igualdade e liberdade quanto à ampliação da participação política e à igualdade nas relações de raça, gênero, etnia e orientação sexual. Esses movimentos eram chamados de novos movimentos sociais, que se opunham ao clássico, marxista e estrutural e davam ênfase ao reconhecimento da diversidade cultural (GOHN, 2007). Para Melucci (2001, p. 95):

> Os movimentos juvenis, feministas, ecológicos, étnicoraciais, pacifistas não têm somente colocado em cena atores conflituais, formas de ação e problemas estranhos à tradição de lutas do capitalismo industrial; eles têm colocado, também, no primeiro plano, a inadequação das formas tradicionais de representação política para colher de maneira eficaz as questões emergentes. A mobilização coletiva assume formas, e em particular formas organizativas, que escapam às categorias da tradição política e que sublinham a descontinuidade analítica dos fenômenos contemporâneos, no que diz respeito aos movimentos do passado e, em particular, ao movimento operário.

A bandeira de luta dos novos movimentos sociais é o respeito aos direitos humanos, e as ações diretas são seu modo de atuar e contestar a política institucional e os valores morais e culturais vigentes. Reconhecer a diversidade de interesses e possibilitar as condições necessárias para a participação social dos sujeitos contribui para que esses movimentos se mobilizem para mudar a centralidade sociopolítica, passando de uma democracia política organizada a partir do Estado para uma democracia participativa e organizada a partir do poder da sociedade civil.

A meta dos novos movimentos sociais é reivindicar continuamente a ampliação da agenda dos direitos de cidadania e a criação de mecanismos capazes de efetivar a promoção e a garantia desses direitos, que vão desde a concepção da inclusão social até a formação de sujeitos de direitos. Essas reivindicações possibilitaram a concepção jurídica e a revisão da concepção desse sujeito, em que este passa a ser visto em sua totalidade, especificidades e peculiaridades. Um exemplo disso é a defesa jurídica dos direitos de mulheres, crianças, grupos raciais minoritários, refugiados, etc., não há um tratamento generalizado ao indivíduo, e sim categorizado de acordo com gênero, idade, etnia, raça, etc. (RAMÍREZ, 2003).

Nesse contexto, depois da publicação da Declaração Universal de 1948, aconteceram as convenções sobre a eliminação de todas as formas de discriminação racial, eliminação da discriminação contra a mulher, direitos da criança, entre outros instrumentos importantes para essa questão (PIOVESAN, 2009).

Saiba mais

Nas convenções temáticas, foram criadas diretrizes para orientar a concepção de políticas públicas em áreas prioritárias, como direitos humanos, segurança pública, educação, saúde, igualdade racial, direitos da mulher, juventude, crianças e adolescentes, pessoas com deficiência, idosos e meio ambiente (BRASIL, 2010).

Em relação às políticas públicas, deve-se destacar o lançamento do PNDH I, em 1996, que trouxe diretrizes para orientar a atuação do poder público no âmbito dos direitos humanos, com o objetivo principal de garantir os direitos civis e políticos. O PNDH foi relançado em 2002, como PNDH II, que aceita as demandas dos movimentos sociais, contemplando os direitos econômicos, sociais e culturais. Em 2010, o PNDH é atualizado como PNDH III, sintetizando as principais reivindicações apresentadas pelos movimentos sociais, unindo as resoluções aprovadas nas conferências territoriais, estaduais e nacionais, realizadas pelo Governo Federal, desde 2003, em conjunto aos governos municipais, estaduais, aos movimentos sociais e à sociedade civil, nos 27 estados da Federação (PEREIRA, 2015).

A implementação de ações que visam promover o direito à igualdade, o combate à discriminação e a promoção da equidade, encontram proteção em propostas de ações do governo relacionadas à educação, à conscientização e à mobilização, que estão presentes no Plano Nacional de Políticas para as Mulheres (2004), no Programa Brasil sem Homofobia (2004), no Plano Nacional de Educação em Direitos Humanos (2006) e no Plano Nacional dos Direitos da Pessoa com Deficiência (2011), gerados com os ativistas. Essas iniciativas são uma demonstração do reconhecimento do Estado sobre as reivindicações dos movimentos sociais por cidadania, que são transformadas em políticas públicas (PEREIRA, 2015).

Referências

ANISTIA INTERNACIONAL BRASIL. *Informe 2016/17*: o estado dos direitos humanos no mundo. Rio de Janeiro, 2017. Disponível em: <https://anistia.org.br/wp-content/uploads/2017/02/AIR2017_ONLINE-v.3.pdf>. Acesso em: 20 fev. 2018.

APROXIMADAMENTE 116 dispositivos da CF/88 ainda não foram regulamentados. *Amo Direito*, [s.l.], 2015. Disponível em: <http://www.amodireito.com.br/2015/10/aproximadamente-116-dispositivos-da.html>. Acesso em: 22 mar. 2018.

AVRITZER, L. *Democracy and the public space in Latin America*. Princeton: Princeton University Press, 2002.

BEZERRA, N. T. *Do povo para o estado*: a participação popular na construção de Políticas Públicas para cultura em Alagoas, uma análise da execução do Plano Estadual de Cultura de Alagoas. 2016. 26 f. Trabalho de Conclusão de Curso (Curso de Formação de Gestores Culturais dos Estados do Nordeste). Universidade Federal da Bahia. Recife, 2016. Disponível em: <https://repositorio.ufba.br/ri/handle/ri/22206>. Acesso em: 22 mar. 2018.

BOSCHI, R. *A arte da associação*: política de base e democracia no Brasil. Rio de Janeiro: Vértice, 1987.

BRASIL. Decreto nº. 7.177, de 12 de maio de 2010. *Casa Civil — Presidência da República*. Disponível em: <http://www.planalto.gov.br/ccivil_03/_Ato2007-2010/2010/Decreto/D7177.htm>. Acesso em: 22 mar. 2018.

BRASIL. *Programa Nacional de Direitos Humanos*. Brasília: Presidência da República, Secretaria de Comunicação Social, Ministério da Justiça: 1996. Disponível em: <http://www.biblioteca.presidencia.gov.br/publicacoes-oficiais/catalogo/fhc/programa-nacional-de-direitos-humanos-1996.pdf/view>. Acesso em: 22 mar. 2018.

BULOS, U. L. *Constituição Federal anotada*: acompanhada dos índices alfabético-remissivos da constituição e da jurisprudência. São Paulo: Saraiva, 2003. 1542 p.

CALDEIRA, T. *São Paulo*: city of walls. Berkeley: University of California Press, 2000.

COELHO, R. C. *Estado, governo e mercado*. Florianópolis: Departamento de Ciências da Administração da UFSC; [Brasília]: CAPES: UAB, 2009.

DIMOULIS, D.; MARTINS, L. *Teoria geral dos direitos fundamentais*. São Paulo: Revista dos Tribunais, 2007, p. 36.

ESCOREL, S. *Reviravolta na saúde*: origem e articulação do movimento sanitário. Rio de Janeiro: Fiocruz, 1999. 208 p. Disponível em: <http://books.scielo.org/id/qxhc3/pdf/escorel-9788575413616.pdf>. Acesso em: 22 mar. 2018.

GOHN, M. G. *Movimentos sociais no início do século XXI*: antigos e novos atores sociais. 3. ed. Petrópolis: Vozes, 2007. 141 p.

LAVALLE, A. G. Crítica ao modelo da nova sociedade civil. *Lua Nova*. São Paulo, nº. 47, p. 121–135, 1999. Disponível em: <http://www.scielo.br/scielo.php?script=sci_abstract&pid=S0102-64451999000200007&lng=pt&nrm=iso&tlng=pt>. Acesso em: 20 mar. 2018.

MARCHINI NETO, D. A constituição brasileira de 1988 e os direitos humanos: garantias fundamentais e políticas de memória. *Revista Científica FacMais*, Inhumas, v. 2, nº. 1, 2. sem. 2012. Disponível em: <http://revistacientifica.facmais.com.br/wp-content/uploads/2012/10/6.A-Constitui%C3%A7%C3%A3o-Brasileira-de-1988-e-os-Direitos--Humanos-Dirceu-Marchini1.pdf>. Acesso em: 22 mar. 2018.

MELUCCI, A. *A invenção do presente*: movimentos sociais nas sociedades complexas. Tradução Maria do Carmo Alves Bomfim. Petrópolis: Vozes, 2001. 199 p.

NEVES, L. A. Cidadania: dilemas e perspectivas na república brasileira. *Tempo*, Niterói, v. 2, nº. 4, p. 80–102, dez. 1997. Disponível em: <http://www.historia.uff.br/tempo/artigos_livres/artg4-5.pdf>. Acesso em: 22 mar. 2018.

ONUBR. *O que são os direitos humanos?* 2017. Disponível em: <https://nacoesunidas.org/direitoshumanos/>. Acesso em: 23 jan. 2019.

PEREIRA, A. C. R. Os novos movimentos sociais e a educação em direitos humanos nas ações e políticas públicas no Brasil contemporâneo. *Revista Entreideias*, Salvador, v. 4, nº. 2, p. 90–105, jul./dez. 2015. Disponível em: <https://portalseer.ufba.br/index.php/entreideias/article/view/8145>. Acesso em: 22 mar. 2018.

PIOVESAN, F. *Temas de direitos humanos*. 3. ed. São Paulo: Saraiva, 2009. 398 p.

RAMÍREZ, J. Movimentos sociais: locus de uma educação para a cidadania. In: CANDAU, V. M.; SACAVINO, S. (Org.). *Educar em direitos humanos*: construir democracia. 2. ed. Rio de Janeiro: DP&A, 2003. p. 49–71.

SANTOS, W. G. *Cidadania e justiça*: a política social na ordem brasileira. Rio de Janeiro: Campus, 1979.

SCHOLTE, J. A. What is globalization: the definitional issue — again. *CSGR Working Paper*, Warwick (UK), nº. 109, dez. 2002. Disponível em: <https://warwick.ac.uk/fac/soc/pais/research/researchcentres/csgr/research/abstracts/abwp10902/>. Acesso em: 20 mar. 2018.

TESSMANN, E. K. Sociedade civil e (re)construção do espaço público: gestão democrática ambiental para a reflexão na esfera pública. In: ENCONTRO PREPARATÓRIO PARA O CONGRESSO NACIONAL, 16., 2007, Campos (RJ). *Anais...* Rio de Janeiro: Compedi, Boitex, 2007.

VIEIRA, O. V.; DUPREE, A. S. Reflexões acerca da sociedade civil e dos direitos humanos. *SUR — Revista Internacional de Direitos Humanos*, São Paulo, v. 1, nº. 1, jan. 2004. Disponível em: <http://sur.conectas.org/reflexoes-acerca-da-sociedade-civil-e-dos--direitos-humanos/>. Acesso em: 22 mar. 2018.

Leituras recomendadas

BRASIL. Decreto nº. 7.037, de 21 de dezembro de 2009. *Casa Civil — Presidência da República*. Disponível em: <http://www.planalto.gov.br/ccivil_03/_ato2007-2010/2009/decreto/d7037.htm>. Acesso em: 22 mar. 2018.

BRASIL. *Programa Nacional de Direitos Humanos* (PNDH-3). Brasília: Secretaria Especial dos Direitos Humanos da Presidência da República, 2010. 308 p. Disponível em: <http://www.mdh.gov.br/assuntos/direito-para-todos/programas/pdfs/programa-nacional-de-direitos-humanos-pndh-3>. Acesso em: 22 mar. 2018.

MONDAINI, M. *Direitos humanos no Brasil*. Brasília: UNESCO; São Paulo: Contexto, 2009. 144 p.

SILVA, E. W. Estado, sociedade civil e cidadania no Brasil: bases para uma cultura de direitos humanos. Ijuí: Unijui, 2014. 304 p.

Desigualdade, diversidade e direitos no Brasil contemporâneo

Objetivos de aprendizagem

Ao final deste texto, você deve apresentar os seguintes aprendizados:

- Analisar os processos históricos que possuem relação com a desigualdade de direitos no Brasil.
- Definir as conquistas de direitos pelos diferentes grupos sociais ao longo da história brasileira.
- Reconhecer as conquistas e os retrocessos nos direitos voltados a diferentes etnias, gêneros e orientações sexuais.

Introdução

A desigualdade sempre existiu na sociedade brasileira. Na atualidade, ela ainda se mantém muito presente e expressiva. Além disso, é multidimensional, transversal e durável. Como você sabe, a desigualdade se manifesta de diversas formas. Uma delas é no acesso aos direitos. Nos últimos anos, muito se evoluiu em termos de garantias asseguradas constitucionalmente. No entanto, considerando a baixa aplicabilidade dos direitos, legislações complementares foram criadas a fim de preencher a lacuna entre o que está no papel e o que acontece na prática.

Neste capítulo, você vai estudar a desigualdade vivenciada no Brasil e o acesso aos direitos. Também vai ver as conquistas de direitos realizadas por diferentes grupos populacionais e as conquistas e retrocessos no acesso aos direitos relacionados a etnia, gênero e orientação sexual.

A desigualdade no acesso aos direitos no Brasil do ponto de vista histórico

Do ponto de vista histórico, a desigualdade está intimamente relacionada ao desenvolvimento da humanidade e às relações de poder. Inicialmente, os homens utilizavam a força e a inteligência para se sobressair por meio de atitudes de liderança, começando a estabelecer situações de desigualdade. Com o passar do tempo e a evolução da humanidade, as relações também foram sofrendo alterações. As desigualdades existentes passaram a refletir a forma como as sociedades se organizam.

O tema ganhou mais complexidade com o advento do capitalismo e a consolidação da industrialização. Você deve notar que até então a desigualdade presente nas sociedades pautava-se, basicamente, nas relações entre os que detinham o poder e aqueles que estavam em uma condição de subalternidade. Com a industrialização (século XVIII), alteram-se essas relações, pois amplia-se o comércio em nível mundial. Assim, se define uma condição bastante solidificada no mercado de trabalho, que é a relação entre patrão e empregado.

Nessa perspectiva de industrialização, expandem-se o capitalismo e a necessidade de acumular lucro e capital a todo custo. Então, se estabelecem diferenças importantes entre os detentores do capital e os vendedores da força de trabalho. Os trabalhadores possuem apenas a força de trabalho e pouco acesso à renda, ficando na parte inferior da relação com os empregadores. A desigualdade social fica evidente nesse contexto marcado pela diferença econômica, uma vez que os trabalhadores não acessam o capital. Marx (1988) considera a desigualdade como fruto da sociedade capitalista e da relação de classes. Nesse contexto, a classe empregadora utiliza a condição gerada pelas desigualdades para estabelecer ainda mais poder sobre a classe trabalhadora.

Como você viu, a desigualdade basicamente sempre existiu. Na atualidade, ela é bastante expressiva, além de multidimensional, transversal e durável. Segundo Scalon (2011), é por essas razões que discutir a desigualdade na sociedade atual é essencial, considerando suas inúmeras dimensões e consequências. Ainda de acordo com Scalon (2011, documento on-line):

> Sabemos que a desigualdade não é um fato natural, mas sim uma construção social. Ela depende de circunstâncias e é, em grande parte, o resultado das escolhas políticas feitas ao longo da história de cada sociedade. Mas também sabemos que todas as sociedades experimentam desigualdades e que estas

se apresentam de diversas formas: como prestígio, poder, renda, entre outras — e suas origens são tão variadas quanto suas manifestações. O desafio não é apenas descrever os fatores e componentes das desigualdades sociais, mas também explicar sua permanência, e em alguns casos seu aprofundamento, apesar dos valores igualitários modernos.

Scalon (2011) também diz que, no caso do Brasil, chama a atenção o fato de a desigualdade resistir ao tempo e ao processo de modernização da sociedade. A autora ainda esclarece que é preciso considerar a desigualdade como um problema político que mantém relação direta com a democracia, a justiça social e a igualdade de oportunidades. Nesse sentido, não haverá democracia se não houver uma atenção mais focalizada para o problema das desigualdades sociais. Afinal, "[...] a igualdade pode ser considerada um dos atributos básicos da cidadania, considerada em seu sentido mais amplo como acesso a direitos" (SCALON, 2011, documento on-line).

A igualdade está assegurada na Constituição Federal de 1988, entretanto "[...] a lei só pode ser garantida de maneira eficiente quando sustentada pela igualdade nas chances de vida, que assegura tanto a possibilidade como a liberdade de escolha e a utilização plena das capacidades dos atores sociais" (SCALON; HERINGER, 2000 apud SCALON, 2011). A grande questão é que isso não acontece de fato, dada a dimensão que as desigualdades sociais assumem no Brasil, impactando questões essenciais, como a efetivação da democracia e da justiça social, e transitando por aspectos relacionados à ética e à moral.

Faleiros (2014) destaca que, na sociedade capitalista, as demandas por serviços sociais demonstram as desigualdades econômicas, as situações de inclusões ou exclusões. Para o autor, essas:

> São demandas complexas tanto pela efetivação de direitos como por cuidados específicos que exigem dos profissionais a análise das relações gerais e particulares dessas condições e do poder de enfrentá-las, o que implica trabalhar a correlação de forças (FALEIROS, 2013, apud FALEIROS, 2014, documento on-line).

Netto (2007) aponta que as desigualdades sociais se expressam basicamente nas variadas manifestações da Questão Social, área da qual surgem as principais atuações do Serviço Social. Do ponto de vista histórico, Netto (2007) registra que há poucos países na América Latina e no mundo tão desiguais como o Brasil. O autor afirma que, no Brasil, "[...] em 1999 os 10% mais ricos se apropriam de 47,4% da renda nacional, cabendo aos 50% mais pobres apenas 12,6% dela e, particularmente, que o 1% mais rico se apropria de mais que os 50% mais pobres" (NETTO, 2007, documento on-line).

Ele ainda acrescenta outra informação:

> O panorama da propriedade fundiária é emblemático dos suportes da desigualdade brasileira: há 10 anos, e este quadro não mudou em nada, 75 propriedades rurais detinham 7,3% [...] das terras totais do país, enquanto 75% das propriedades rurais permaneciam com somente 11% das terras agricultáveis (NETTO, 2007, documento on-line).

O autor destaca ainda que a desigualdade é um problema recorrente na maior parte das sociedades. No entanto, ela apresenta características diferenciadas no conjunto das sociedades capitalistas.

As desigualdades sociais há tempos estão presentes na sociedade brasileira. Scalon (2011, documento on-line) destaca a **relação entre a desigualdade e a pobreza**. Embora tenham conceituações distintas, elas são fortemente relacionadas, "[...] na medida em que as disparidades nas chances da vida acabam por determinar as possibilidades de escapar de situações de privação e vulnerabilidade". Scalon (2011) aponta ainda que é ingenuidade acreditar que pobreza e desigualdade podem ser eliminadas apenas com "interesse político" ou mediante redistribuição de recursos entre ricos e pobres. A melhor alternativa, segundo a autora, para enfrentar tais questões, é a **educação**, pois somente ela permitiria o acesso a melhores condições de trabalho e melhor remuneração.

Saiba mais

A **pobreza** é o resultado da concentração de renda nas mãos de uma minoria, o que ocorre na sociedade brasileira. Essa concentração de renda repercute no acesso a bens e serviços, que ficam disponíveis apenas a uma parcela menor da população. Contudo, a definição de pobreza é algo bastante complexo e amplo, que ultrapassa a questão da renda. A pobreza pode ser considerada a partir de privações em diversas áreas, que conduzem a situações de "[...] vulnerabilidade, exclusão, carência de poder, de participação e voz, exposição ao medo e a violência — enfim, a exclusão de direitos básicos e de bem-estar" (SCALON, 2011, documento on-line).

A conquista de direitos no Brasil

O Brasil possui um aparato legal que busca assegurar os direitos de todos os indivíduos residentes no território nacional. No entanto, o tema **direitos** é ainda bastante controverso, especialmente na sociedade neoliberal, marcada pela diversidade e pela desigualdade. Analisando o contexto histórico, se pode inferir que os direitos, mais especificamente os direitos humanos, têm sua origem nas lutas burguesas, com a Revolução Francesa, considerada o marco cronológico desses direitos.

A Revolução Francesa é um marco para o advento do capitalismo. Ela representa a luta da burguesia pela liberdade, no sentido exclusivo de comprar e vender produtos com mais liberdade. Assim, os direitos que surgem estão vinculados à ideia de liberdade e de propriedade, em consonância com o sistema neoliberal. A liberdade defendia pelos burgueses não era para toda a sociedade, e sim limitada aos considerados cidadãos. Os direitos dessa época fazem parte da **primeira geração de direitos** e ficaram conhecidos como **direitos individuais**.

No percurso histórico, mudanças foram ocorrendo no sistema capitalista. Com a Revolução Industrial, os trabalhadores também começaram a lutar pelos seus direitos, contrapondo-se à restrição dos direitos a uma classe. Nessa perspectiva, surge a **segunda geração dos direitos humanos**, os chamados **direitos sociais e políticos**. É o caso de direito à moradia, ao voto, à participação na vida pública, entre outros.

Mediante o acirramento da luta de classes, os trabalhadores começaram a lutar por direitos mais específicos, aqueles das chamadas "minorias sociais", ou seja, grupos considerados em situação mais desfavorecida. Como exemplos de minorias, você pode considerar: mulheres, pessoas com deficiências, grupos LGBT e outros. Tais grupos necessitavam que suas necessidades fossem, de fato, asseguradas. Os direitos das minorias são os mais discutidos na atualidade, recebendo uma atenção mais específica.

Fique atento

Quando se fala em direitos humanos, não se pode deixar de mencionar a Declaração Universal dos Direitos Humanos, de 1948. Esse documento serve como referência para a questão dos direitos e liberdades básicas para todos os indivíduos no mundo. Trata-se de um documento elaborado pela Organização das Nações Unidas (ONU) e constitui-se em um marco da preocupação mundial com os direitos. Seu objetivo principal é assegurar aos cidadãos direitos essenciais para uma vida com dignidade, independentemente de sexo, cor, crença religiosa ou política, nacionalidade, etc. De forma geral, o documento expressa normas que orientam o comportamento dos indivíduos, cria leis que asseguram direitos humanos propriamente ditos e estabelece relação com os princípios de liberdade de expressão e igualdade perante a lei.

Até aqui, você viu um breve panorama de como os direitos humanos foram se desenvolvendo ao longo do tempo. É importante você ter em mente, no entanto, que a evolução dos direitos é algo que acontece lentamente e de forma gradual. Os direitos não são pensados e construídos de uma única vez. Eles ganham forma conforme a sociedade humana vai se desenvolvendo e suas necessidades, surgindo. Assim, para compreender o significado que os direitos têm na atualidade, é essencial verificar como foram observados em épocas passadas.

Isso posto, considere agora a evolução da legislação brasileira, tomando como ponto de partida a Constituição Federal de 1988, que apresenta os direitos e deveres dos cidadãos e pauta-se em valores de equidade e direitos universais. Além disso, a Constituição reafirma conquistas transformadas em direitos sociais nas áreas de saúde, assistência social, educação, previdência, trabalho, entre outras (PIANA, 2009). Conhecida como Constituição Cidadã, recebeu essa denominação:

> [...] em virtude da inclusão, como direitos fundamentais, de uma série de direitos sociais que a colocaram em contemporaneidade com os anseios da sociedade brasileira, após 42 anos de vigência da Constituição Federal de setembro de 1946, última promulgada sob regime democrático (OLIVEIRA, 2011, documento on-line).

Ainda segundo o autor:

> Criticada por uns, pelo detalhismo de suas disposições, justifica-se essa sua característica pela tradição de alto grau de descumprimento da legislação ordinária no país, a exemplo do que ocorre com a legislação trabalhista criada nas décadas de 1930 e 1940 e inscrita na Consolidação das Leis do Trabalho — CLT —, cujo cumprimento ainda é motivo de frequentes demandas judiciais por parte dos trabalhadores (OLIVEIRA, 2011, documento on-line).

Isso evidencia que o País possui um aparato legal muito completo e detalhado. No entanto, boa parte das leis ainda não são aplicadas como deveriam e como está expresso na Carta Magna. Por isso, tem-se verificado, nos últimos tempos, a necessidade de estabelecer leis complementares para garantir direitos já previstos na Constituição. Os avanços na legislação somente foram possíveis graças à organização e à mobilização de vários segmentos da sociedade, desde a década de 1970 (OLIVEIRA, 2011).

Vários grupos mereceram atenção na legislação posterior à Constituição Federal de 1988, mas destaca-se aqui a situação dos **trabalhadores**. Para esse grupo, foi criada a Consolidação das Leis do Trabalho (BRASIL, 1943) e outros direitos sociais assegurados constitucionalmente. É o caso do direito contra a dispensa injustificada (partindo do princípio de que o empregador possui superioridade em relação ao trabalhador), do seguro-desemprego, do fundo de garantia por tempo de serviço e outros. Recentemente, algumas mudanças foram realizadas na legislação trabalhista, nem todas favoráveis ao trabalhador.

Ao longo do tempo, outros grupos foram tendo seus direitos esmiuçados em leis complementares, mediante luta e mobilização dos grupos sociais. A Lei nº. 8.069, de 13 de julho de 1990, é um exemplo de lei complementar, que detalha o art. 227 da Constituição Federal. Essa lei define os direitos das **crianças e adolescentes**, indicando quem deve aplicá-los e como são efetivados na prática. Assim, trata-se de um conjunto de normas que busca assegurar a proteção integral da criança e do adolescente. Entende-se como criança a pessoa com até 12 anos de idade incompletos, e adolescente, aquela que tem entre 12 e 18 anos de idade. Em seu art. 3º, o Estatuto da Criança e do Adolescente assegura que a criança e o adolescente gozem de todos os direitos fundamentais inerentes à pessoa humana (assegurados na Constituição Federal), mas sem os prejuízos da proteção integral de que trata essa lei. Isso implica dizer que crianças e adolescentes devem ser protegidos pelo Estado, pela família e pela sociedade com absoluta prioridade (BRASIL, 1990).

Ao segmento **idoso** também foi assegurada atenção especial e houve evolução dos direitos ao longo do tempo. O Estatuto do Idoso (Lei nº. 10.741, de 1º de outubro de 2003) foi criado para regular os direitos das pessoas com 60 anos ou mais. Além de estabelecer os direitos e as responsabilidades na efetivação da proteção dos direitos dos idosos, o Estatuto assegura a prioridade do atendimento em órgãos públicos e privados, estabelecendo prioridade especial aos maiores de 80 anos. De forma geral, o Estatuto estabelece que o idoso goze de todos os direitos fundamentais da pessoa humana, sem prejuízo dos demais direitos previstos na lei (BRASIL, 2003a).

O Brasil também avançou na promoção dos direitos das **pessoas com deficiência**, por meio de políticas que as valorizam enquanto cidadãs, respeitando suas características e sua condição. Um desses avanços está materializado no Estatuto da Pessoa com Deficiência, a Lei Brasileira de Inclusão (Lei nº. 13.146, de 6 de julho de 2015). Essa lei se destina "[...] a assegurar e promover, em condições de igualdade, o exercício dos direitos e das liberdades fundamentais por pessoa com deficiência, visando à sua inclusão social e cidadania" (BRASIL, 2015, documento on-line). Para tanto, no §2º do art. 105, considera-se pessoa com deficiência:

> [...] aquela que tem impedimento de longo prazo de natureza física, mental, intelectual ou sensorial, o qual, em interação com uma ou mais barreiras pode obstruir sua participação plena e efetiva na sociedade em igualdade de condições com as demais pessoas (BRASIL, 2015, documento on-line).

Como você viu, os direitos vão evoluindo ao longo do tempo. Isso ocorre conforme surgem as necessidades e mediante a mobilização dos grupos interessados. Você pode fazer a seguinte reflexão: se os direitos fossem efetivados na prática tal como propostos na Carta Magna, talvez não fossem necessárias legislações complementares para resguardar o direito de determinados grupos, não é?

Conquistas e retrocessos nos direitos

No que se refere aos direitos relacionados às diferentes etnias, você pode considerar que houve um avanço importante na legislação, especialmente no que se refere aos direitos dos negros e índios. Quanto aos **negros**, é preciso considerar as situações vivenciadas pelos seus antepassados na época da escravidão, bem como todo o sofrimento e as situações de precariedade enfrentadas. Somente séculos depois algo de efetivo começou a ser feito para essa população. Nesse sentido, Vieira (2013, documento on-line) aponta:

> A situação da população negra na sociedade brasileira, vitimada em especial pela violência do preconceito histórico-cultural, pela discriminação sociorracial e pela exclusão econômica na sua interação com os outros segmentos da população brasileira, se baseia na hipótese de que as posturas racistas ainda existentes em nossa sociedade foram e ainda são reforçadas pelo desconhecimento da formação e das origens históricas, sociais e culturais que fundaram o Estado brasileiro e, sobretudo, do esquecimento por parte do Estado em relação à população negra brasileira.

Nessa perspectiva, pequenos passos começaram a ser dados com a Constituição Federal de 1988, que assegura o direito à igualdade de condições de vida e de cidadania. Além disso, ela garante igual direito às histórias e culturas que compõem a nação brasileira, bem como o direito de acesso às diferentes fontes da cultura nacional a todos os brasileiros (BRASIL, 1988). Algumas legislações posteriores, especialmente na área da educação, buscam oferecer uma resposta à demanda da população afrodescendente por meio do desenvolvimento de ações afirmativas para reparar possíveis prejuízos sofridos ao longo do tempo, reconhecer e valorizar a sua história, a sua cultura e a sua identidade.

Nessa perspectiva, a Lei nº. 10.639, de 9 de janeiro de 2003, estabelece a obrigatoriedade do ensino de história e cultura afrodescendente na educação básica (BRASIL, 2003b). Tal iniciativa se faz necessária para que o Estado e a sociedade adotem medidas para ressarcir os descendentes de africanos negros dos danos psicológicos, sociais, materiais, políticos e educacionais vivenciados no regime escravista. Sem a intervenção do Estado, dificilmente as desigualdades e injustiças seriam rompidas. Elas permaneceriam fundadas em preconceitos e na manutenção de privilégios para poucos.

Situação semelhante à vivenciada pela população negra é a da **população indígena**, que sofreu com o processo de colonização e até hoje se encontra muito à margem da sociedade e do acesso aos direitos. A Constituição Federal de 1988 reconhece o respeito às formas de organização próprias dos povos indígenas, além de suas crenças, costumes, usos e tradições. Além disso, reconhece os direitos originários dos povos indígenas sobre suas terras. Além da Constituição Federal de 1988, o Decreto nº. 5.051, de 19 de abril de 2004, da Organização Internacional do Trabalho, assegura o direito à autonomia dos povos indígenas no sentido de garantir o respeito às formas diferenciadas de vida, de gestão e de desenvolvimento de seus territórios (BRASIL, 2004).

Entre **homens e mulheres**, as diferenças no acesso aos direitos também existem. Embora o texto constitucional assegure a igualdade entre eles, na prática não é isso o que acontece. O trabalho é um dos setores em que homens e mulheres ainda hoje são tratados com diferença. Culturalmente, o trabalho é associado à identidade do homem, na sua função de garantir o sustento da casa, proteger e cuidar da família. Assim, muitas vezes, ainda que a mulher exerça a mesma função que o homem e tenha a mesma qualificação, ela recebe remuneração inferior e ambos nem sempre possuem a mesma valorização.

Esse cenário trata-se, na verdade, de um dos grandes retrocessos, ou de uma dificuldade em avançar na conquista do direito das mulheres de serem respeitadas em sua condição, sua dignidade e suas possibilidades de trabalho, em situação de igualdade com os homens. Você pode considerar ainda que homens e mulheres têm direito à inviolabilidade da sua integridade e nem sempre mulheres são respeitadas, sendo alvo de comportamentos inadequados. Haveria muitas situações a serem descritas em que direitos de homens e mulheres não são igualmente respeitados, mas o que você deve considerar é que essa condição ainda requer muita luta para que ambos estejam em condição de igualdade.

Ao longo deste capítulo, você viu algumas das principais políticas direcionadas a grupos específicos da população. Você deve ter em mente também que existem muitas discussões e mobilizações populares a favor de outros grupos em situação de vulnerabilidade e/ou desigualdade. Exemplos são as mobilizações a favor da **população LGBT**, que ainda luta e discute questões como casamento, adoção e tantos outros assuntos que ainda aguardam regulamentação legal. Esse ponto é importante, uma vez que há uma série de projetos a serem votados no Congresso que continuam parados, como criminalização da LGBTfobia, casamento homoafetivo, alteração de nome, entre outros. A maioria dos direitos dessa população não possui legislação específica. Assim, as pessoas interessadas precisam recorrer ao Poder Judiciário para que as solicitações sejam avaliadas caso a caso.

Referências

BRASIL. Constituição da República Federativa do Brasil de 1988. Diário Oficial da União, Brasília, DF, 1988. Disponível em: <http://www.planalto.gov.br/ccivil_03/Constituicao/Constituicao.htm>. Acesso em: 11 nov. 2018.

BRASIL. *Decreto nº. 5.051, de 19 de abril de 2004*. Promulga a Convenção nº. 169 da Organização Internacional do Trabalho — OIT sobre Povos Indígenas e Tribais. 2004. Disponível em: <http://www.planalto.gov.br/ccivil_03/_ato2004-2006/2004/decreto/d5051.htm>. Acesso em: 11 nov. 2018.

BRASIL. *Decreto-lei nº. 5.452, de 1º de maio de 1943*. Aprova a Consolidação das Leis do Trabalho. 1943. Disponível em: <http://www.planalto.gov.br/ccivil_03/Decreto-Lei/Del5452.htm>. Acesso em: 11 nov. 2018.

BRASIL. *Lei nº. 8.069, de 13 de julho de 1990*. Dispõe sobre o Estatuto da Criança e do Adolescente e dá outras providências. 1990. Disponível em: <http://www.planalto.gov.br/ccivil_03/leis/l8069.htm>. Acesso em: 11 nov. 2018.

BRASIL. *Lei nº. 10.639, de 9 de janeiro de 2003*. Altera a Lei nº. 9.394, de 20 de dezembro de 1996, que estabelece as diretrizes e bases da educação nacional, para incluir no currículo oficial da Rede de Ensino a obrigatoriedade da temática "História e Cultura Afro-Brasileira", e dá outras providências. 2003b. Disponível em: <http://www.planalto.gov.br/ccivil_03/Leis/2003/L10.639.htm>. Acesso em: 11 nov. 2018.

BRASIL. *Lei nº. 13.146, de 6 de julho de 2015*. Institui a Lei Brasileira de Inclusão da Pessoa com Deficiência (Estatuto da Pessoa com Deficiência). 2015. Disponível em: <http://www.planalto.gov.br/ccivil_03/_ato2015-2018/2015/lei/l13146.htm>. Acesso em: 11 nov. 2018.

BRASIL. *Lei nº. 10.741, de 1º de outubro de 2003*. Dispõe sobre o Estatuto do Idoso e dá outras providências. 2003a. Disponível em: <http://www.planalto.gov.br/ccivil_03/LEIS/2003/L10.741.htm>. Acesso em: 11 nov. 2018.

FALEIROS, V. P. O serviço social no cotidiano: fios e desafios. *Serviço Social & Sociedade*, nº. 120, out./dez. 2014. Disponível em: <http://www.scielo.br/pdf/sssoc/n120/07.pdf>. Acesso em: 28 nov. 2018.

MARX, K. *O capital*: critica da economia política. São Paulo: Bertrand, 1988. v. 3.

NETTO, J. P. Desigualdade, pobreza e serviço social. *Revista da Faculdade de Serviço Social da Universidade do Estado do Rio de Janeiro*, nº. 19, 2007. Disponível em: <https://www.e-publicacoes.uerj.br/index.php/revistaempauta/article/viewFile/190/213>. Acesso em: 11 nov. 2018.

OLIVEIRA, C. R. Direitos sociais na constituição cidadã: um balanço de 21 anos. *Serviço Social & Sociedade*, nº. 105, p. 5–29, jan./mar. 2011. Disponível em: <http://www.scielo.br/scielo.php?pid=S0101-66282011000100002&script=sci_abstract&tlng=pt>. Acesso em: 11 nov. 2018.

PIANA, M. C. *A construção do perfil do assistente social no cenário educacional*. São Paulo: Cultura Acadêmica, 2009.

SCALON, C. Desigualdade, pobreza e políticas públicas: notas para um debate. *Contemporânea*, nº. 1, p. 49–89, jan./jun. 2011. Disponível em: <http://www.contemporanea.ufscar.br/index.php/contemporanea/article/view/20>. Acesso em: 11 nov. 2018.

VIEIRA, B. M. C. O serviço social ante as desigualdades sociais advindas da discriminação racial no Brasil. *Libertas*, v. 13, nº. 1, p. 147–159, jan./jun. 2013. Disponível em: <https://libertas.ufjf.emnuvens.com.br/libertas/article/viewFile/2691/2227>. Acesso em: 11 nov. 2018.

Leituras recomendadas

IAMAMOTO, M. V. O Brasil das desigualdades: "questão social", trabalho e relações sociais. *SER Social*, v. 15, nº. 33, p. 261–384, 2013. Disponível em: <http://www.cressrn.org.br/files/arquivos/FaPa1Oy8kQ65voJ4T345.pdf>. Acesso em: 11 nov. 2018.

LISBOA, T. K. Violência de gênero, políticas públicas para o seu enfrentamento e o papel do serviço social. *Temporalis*, v. 14, nº. 27, p. 33–56, jan./jun. 2014. Disponível em: <http://periodicos.ufes.br/temporalis/article/view/6543>. Acesso em: 11 nov. 2018.

O processo histórico da constituição dos direitos humanos

Objetivos de aprendizagem

Ao final deste texto, você deve apresentar os seguintes aprendizados:

- Analisar o processo histórico da constituição dos direitos humanos.
- Explicar direitos humanos.
- Discutir os direitos humanos baseados no senso comum.

Introdução

Os direitos humanos evoluíram ao longo do tempo conforme os contextos históricos. Eles se adequaram e foram construídos com base nas necessidades de cada momento. Em linhas gerais, os direitos humanos são direitos inerentes a todos os indivíduos, independentemente de cor, raça, sexo, classe social ou qualquer outra forma de distinção. O que se tem observado na atualidade é um movimento contrário à atuação dos defensores dos direitos humanos. Tal movimento é propagado pela mídia e por líderes políticos e governantes que possuem interesse em que a população desconheça ou desvalorize a importância de direitos dessa natureza.

Neste capítulo, você vai estudar o processo histórico de constituição dos direitos humanos. Também vai conhecer a sua definição e discutir aspectos relacionados aos direitos humanos com base no senso comum.

A constituição dos direitos humanos

Para começar, considere o Brasil Colônia. O povo daquela época não possuía autonomia enquanto nação e sofria uma intensa exploração (VINAGRE; PEREIRA, 2008). Já na época do Império (1822–1889), se registraram violações importantes aos direitos humanos, especialmente no que se refere ao genocídio a que foram submetidos os índios e negros. Nesse aspecto, uma primeira conquista ocorreu em 1888, com a abolição da escravatura. Para Vinagre e Pereira (2008, p. 35), "[...] a escravidão é uma das maiores violações dos direitos humanos, posto que se refere à apropriação total do produto do trabalho da pessoa a esse regime, sendo, também, apropriação do seu corpo, da sua vida e do seu destino". Com o fim da escravidão, os negros adquiriram direitos civis, pois teoricamente deixaram de ser propriedade do senhor e de ser considerados mercadorias.

Ao longo da história de violação de direitos, sempre houve resistência e enfrentamento. Um exemplo de movimento organizado e desenvolvido pela resistência negra foi a experiência bem-sucedida do Quilombo de Palmares. No entanto, apesar da resistência, essas vivências não eram favoráveis à efetivação de direitos, uma vez que muitas pessoas ainda eram forçadas a realizar trabalhos em grandes propriedades rurais, em que os proprietários determinavam limites ao próprio Estado. Vinagre e Pereira (2008, p. 36) complementam:

> [...] no que se refere aos direitos políticos, estes eram restritos a uma elite; e dos direitos sociais, ainda não se falava, uma vez que a garantia dos mínimos sociais ficava a cargo da filantropia privada e da Igreja Católica, prevalecendo, pois, o caldo cultural clientelista e patrimonialista.

No período destacado, além dos negros, outros setores também desfavorecidos se mobilizaram na busca por direitos. Datam desse período a Revolta dos Alfaiates, a Revolução Farrroupilha, a Guerra de Canudos e outros movimentos. Na luta por direitos, merece destaque o movimento pelo voto das mulheres, após a Revolução de 1930. Destaque também para o movimento operário e a sua luta por direitos civis e políticos, reivindicando o direito ao trabalho, à organização sindical e aos direitos trabalhistas (VINAGRE; PEREIRA, 2008).

Na Primeira República, Vinagre e Pereira (2008) destacam que os primeiros avanços em termos de direitos ocorreram após a entrada do Brasil na Organização Internacional do Trabalho (OIT), em 1919. Então, houve avanços na área de direitos relacionados ao trabalho, como previsto na Consolidação das Leis do Trabalho (CLT), de 1943. Os direitos políticos foram sendo efetivados de acordo com cada período histórico. No período da ditadura, por exemplo, direitos como a liberdade de expressão e de organização política ficaram bastante restritos. Sobre isso, Vinagre e Pereira (2008, p. 37) consideram:

> No contexto ditatorial pós-golpe militar de 1964, os direitos civis e políticos foram brutalmente subtraídos pelas medidas de repressão mais sombrias da história do país. Com amparo em "instrumentos legais" — os atos institucionais —, foram cassados os direitos políticos de lideranças sindicais e partidárias, de artistas e intelectuais; foram fechadas as sedes das organizações estudantis e dos trabalhadores. O direito de opinião e organização foi restringido e adotada a censura nos meios de comunicação. Práticas de prisões arbirtrárias, torturas e execuções sumárias de opositores do regime eram frequentes. Direitos tais como a inviolabilidade do lar e da correspondência eram sistematicamente desrespeitados, assim como o direito à vida e à integridade física, em nome da ideologia da "segurança nacional", que legitimava a autonomização do aparato policial, inclusive frente ao Estado.

Para contrabalancear essa intensa repressão aos direitos, o governo trabalhou para a unificação e a universalização da Previdência. A década de 1970, por sua vez, foi marcada por movimentos da sociedade na luta por direitos. Grupos de mulheres, operários, negros, homossexuais e organizações da sociedade civil passaram a lutar pelos direitos humanos. Embora tenham conseguido avançar na luta por direitos, alguns considerados essenciais ainda não estavam assegurados, como os direitos à vida, à integridade física, à alimentação, à saúde, à educação, ao trabalho e tantos outros. Em 1988, houve a promulgação da Constituição Federal, que ratifica os direitos e acrescenta outros até então inexistentes (VINAGRE; PEREIRA, 2008).

O Brasil passou a adotar ainda determinações internacionais (declarações, tratados, cartas) na área de defesa dos direitos humanos, comprometendo-se com o Sistema Internacional de Direitos Humanos (VINAGRE; PEREIRA, 2008). Em termos mundiais, os direitos humanos têm como marco a Segunda Guerra Mundial, momento em que essa questão atinge níveis internacionais. Destaca-se, nesse período, a criação da Organização das Nações Unidas (ONU), em 1945, e a Declaração Universal dos Direitos Humanos (DUDH), em 1948. Esse documento reuniu valores éticos universais, mas com sinais dos projetos societários em disputa naquela época (VINAGRE; PEREIRA, 2008). Veja:

> Ainda que sob a égide da moral liberal, a Declaração de 1948 avança em relação a textos dos séculos XVIII e XIX, posto que lança a inovação dos princípios da universalidade e indivisibilidade dos direitos humanos, acrescentando direitos civis e políticos, da Declaração dos Direitos do Homem e do

Cidadão (da Revolução Francesa de 1789), a defesa dos direitos econômicos, sociais e culturais (como os direitos à educação, à saúde, a justas condições de trabalho e ao acesso à cultura), reivindicados desde as lutas operárias dos séculos XIX e XX e, em especial, após a Declaração dos Direitos do Povo Trabalhador e Explorado de Janeiro de 1918, advinda da Revolução Russa (VINAGRE; PEREIRA, 2008, p. 41).

Para Barroco (2008, documento on-line):

> [...] a origem da noção moderna dos DH é inseparável da ideia de que a sociedade é capaz de garantir a justiça — através das leis e do Estado — e dos princípios que lhes servem de sustentação filosófica e política: a universalidade e o direito natural à vida, à liberdade e ao pensamento.

O autor ainda afirma que a DUDH é uma forma de confirmar, na prática, algo que até então não era reconhecido por toda a sociedade.

Direitos humanos

Como você viu, após alguns acontecimentos históricos, como a Segunda Guerra Mundial, foi elaborada e aprovada a DUDH. Ela representa uma tentativa de contribuir com a luta da sociedade contra situações de discriminação, preconceito e opressão, valorizando a noção de igualdade entre todos os indivíduos e a dignidade humana. É dessas questões que tratam os chamados "direitos humanos". Eles garantem a vida, a liberdade, o trabalho, a saúde, a educação, a dignidade, o respeito, entre outros direitos que buscam assegurar ao cidadão uma vida digna. Destaca-se o fato de que a Declaração foi proposta por meio de acordos internacionais, ratificada por meio de cartas, convenções e pactos. Isso assegura o seu caráter universal e representa o consentimento de toda a comunidade internacional envolvida. A proposta de que os direitos humanos sejam resguardados é feita por meio do Conselho de Segurança da ONU, que colabora com os países tanto na implantação desses direitos quanto no controle da sua violação.

Os direitos humanos foram evoluindo ao longo do tempo conforme os contextos históricos, adequando-se e sendo construídos com base nas necessidades surgidas em cada momento. Para melhor representar essa evolução, utiliza-se uma classificação dos direitos humanos por meio de "gerações", que, na verdade, situam as categorias propostas no momento histórico de sua construção. A primeira classificação, conhecida como **primeira geração**, está associada ao século XVIII, à independência dos Estados Unidos, em 1787, e à Revolução Francesa, dois anos depois. Essa geração traz ideias de liberdade relacionadas especialmente aos direitos civis e políticos. Você deve considerar que nessa época se registrava uma luta da burguesia por melhores condições de comércio (liberdade). Portanto, os direitos conquistados restringiam-se a determinados indivíduos e não eram aplicados a toda a sociedade. Nessa geração, o Estado deveria limitar sua intervenção na ação humana, considerando o direito à liberdade de todos. São exemplos de direitos assegurados a liberdade de expressão, o direito de ir e vir, o direito à privacidade, entre outros.

Já os direitos humanos considerados de **segunda geração** têm como marco oficial a Primeira Guerra Mundial (1914–1918), crescendo paralelamente à ideologia do **estado de bem-estar social**. Nesse percurso histórico, os trabalhadores também começam a lutar pelos seus direitos, contrapondo-se à restrição dos direitos a uma classe. Nessa lógica, a proposta é que os direitos até então limitados a uma classe sejam expandidos para todos os indivíduos por meio de políticas públicas que garantam saúde, trabalho, moradia, direito ao voto e a participar da vida pública, entre outros. Nessa geração, fica evidente a necessidade de se exigirem do Estado condições iguais para todos, com a finalidade de que tenham uma vida mais digna.

A **terceira geração de direitos** surge na década de 1960 e tem como foco principal os ideais de solidariedade e fraternidade. Mediante o acirramento da luta de classes, os trabalhadores começam a lutar por direitos mais específicos, aqueles das chamadas "minorias sociais", ou seja, grupos considerados em situação mais desfavorecida. É o caso de mulheres, pessoas com deficiências e outras que precisavam que seus direitos fossem mais detalhados, a fim de que suas necessidades fossem de fato asseguradas. Além da proteção aos grupos mais vulneráveis, inclui-se nessa proposta a proteção ao meio ambiente. Na atualidade, há discussões entre os intelectuais sobre a inclusão de uma **quarta geração de direitos**, que envolve informática e bioética, mas eles ainda divergem opiniões e tal geração não está de fato estabelecida.

Marco (2006, documento on-line) destaca que "[...] os avanços tecnológicos e as descobertas científicas colocam o mundo em perplexidade com os valores sociais e éticos das três gerações de direitos até aqui delineadas", trazendo à tona a necessidade de considerar outra geração de direitos. Assim, ainda que esta não esteja de fato consolidada entre os intelectuais, considerando a intensidade de discussões a respeito do tema e sua viabilidade, falam-se hoje nos "direitos de quarta geração". Trata-se de uma geração que surgiu para acompanhar o desenvolvimento da humanidade e ajudar o direito a encontrar soluções e impor limites para responder a eventuais questionamentos decorrentes das inovações tecnológicas e do aprimoramento genérico. Fazem parte dessa geração os direitos à democracia, à informação e ao pluralismo (BONAVIDES, 1996 apud MARCO, 2006).

Isso posto, é importante você conhecer um pouco do conteúdo da DUDH. Inicialmente, esse documento elenca alguns dos objetivos que levaram à sua elaboração. O primeiro deles refere-se ao reconhecimento de que a dignidade e a igualdade de direitos entre todos os indivíduos constituem o fundamento da liberdade, da justiça e da paz no mundo. Assim, o desconhecimento sobre os direitos origina responsáveis por atos de barbárie, que revoltam por seu elevado grau de crueldade. A Declaração possui 30 artigos. Entre eles:

> Artigo I Todos os seres humanos nascem livres e iguais em dignidade e direitos. São dotados de razão e consciência e devem agir em relação uns aos outros com espírito de fraternidade.
> Artigo II Todo ser humano tem capacidade para gozar os direitos e as liberdades estabelecidos nesta Declaração, sem distinção de qualquer espécie, seja de raça, cor, sexo, idioma, religião, opinião política ou de outra natureza, origem nacional ou social, riqueza, nascimento, ou qualquer outra condição.
> [...]
> Artigo III Todo ser humano tem direito à vida, à liberdade e à segurança pessoal.
> Artigo IV Ninguém será mantido em escravidão ou servidão; a escravidão e o tráfico de escravos serão proibidos em todas as suas formas.
> Artigo V Ninguém será submetido à tortura nem a tratamento ou castigo cruel, desumano ou degradante.
> [...]
> Artigo XVIII Todo ser humano tem direito à liberdade de pensamento, consciência e religião; este direito inclui a liberdade de mudar de religião ou crença e a liberdade de manifestar essa religião ou crença, pelo ensino, pela prática, pelo culto e pela observância, em público ou em particular.
> Artigo XIX Todo ser humano tem direito à liberdade de opinião e expressão; este direito inclui a liberdade de, sem interferência, ter opiniões e de procurar, receber e transmitir informações e idéias por quaisquer meios e independentemente de fronteiras. (ORGANIZAÇÃO DAS NAÇÕES UNIDAS, 2009, documento on-line).

Como você pode observar, a DUDH envolve a proteção do indivíduo e o respeito à sua dignidade, de forma bastante ampla. Diante disso, você pode considerar que se trata de um marco na história dos direitos na sociedade. No entanto, é necessário o conhecimento da sociedade acerca desses direitos e de sua importância para que eles sejam de fato assegurados e para que se possam evitar violações.

Direitos humanos e senso comum

Na atualidade, têm ocorrido importantes distorções no que se refere aos direitos humanos, especialmente vindas de setores sociais mais conservadores. Vários fatores contribuem para essa situação. Entre eles, destaca-se a mídia, que se encontra a serviço da classe dominante e, em razão disso, deixa de lado a sua função de informar com responsabilidade para disseminar notícias de forma sensacionalista. Nessa perspectiva, a relação entre os defensores dos direitos humanos e a mídia nunca seguiu um caminho tranquilo e sem embates. Sempre houve tensões. Em muitos casos, a mídia tem a função de servir à classe dominante, visando ao lucro. Isso, como você deve imaginar, acaba impactando negativamente a sociedade (COSTA, 2017).

Por outro lado, as distorções sobre os direitos humanos também acontecem. Nem todos os indivíduos possuem acesso às informações e aos direitos de forma correta. Isso gera críticas infundadas e que trazem como consequência prejuízos à coletividade.

Costa (2017) aponta que a mídia atua com um discurso diferente a cada momento histórico. Ela ora se posiciona a favor dos defensores dos direitos humanos, ora se coloca contra eles, tratando-os como se fossem defensores de bandidos. O autor acrescenta que a tentativa de construir um senso comum a respeito de direitos humanos intensificou-se a partir dos anos 1980, quando o Brasil buscava se adequar aos tratados e convenções que firmavam a necessidade de que esses direitos fossem assegurados em todo o País (OLIVEIRA, 2009 apud COSTA, 2017).

Considere ainda o seguinte:

> A mídia em geral, e em particular a imprensa, gosta de investir no senso comum para manter a audiência e assegurar a manutenção do *status quo*, poucas vezes se preocupando em buscar novo enfoque diante de situação recorrente, mesmo quando os fatos apontam em outra direção e a conjuntura sugere a necessidade de se buscar nova abordagem. Muitos estereótipos e preconceitos arraigados na sociedade são decorrência dessa perseverança de atuar em sintonia com o senso comum, como ocorre com os movimentos sociais e, particularmente, os de defesa dos Direitos Humanos, sempre associados à defesa "de bandidos" quando atuam em prol de vítimas de maus tratos ou arbitrariedades das autoridades policiais ou judiciárias (FREITAS, 2010 apud COSTA, 2017, documento on-line).

Costa (2017) afirma também que a mídia muitas vezes coloca seus interesses ligados à audiência e ao capital em primeiro lugar, em detrimento dos interesses coletivos. Assim, ela deixa de atender à sua responsabilidade com o que é repassado para a sociedade. São condutas dessa natureza que contribuem para a criação de estereótipos e preconceitos que acabam sendo disseminados e aceitos na sociedade.

> **Fique atento**
>
> A mídia exerce função importante sobre o senso comum, influenciando-o tanto positiva quanto negativamente. Essa influência também acontece por parte de pessoas consideradas importantes na sociedade, as chamadas "personalidades" ou "formadoras de opinião". No meio político, essa prática é bastante comum, segundo Costa (2017). Para o autor, as tentativas de desqualificar e influenciar negativamente os defensores dos direitos humanos são ainda mais sérias quando acontecem em órgãos do governo, como o Congresso Nacional, que é constituído por representantes da população.

A tentativa da grande mídia ou até mesmo de personalidades ligadas à política de desqualificar os direitos humanos, assim como aqueles que os defendem, apresenta como pano de fundo os interesses de determinados grupos. Viola (2008 apud COSTA, 2017) aponta são opositores aos direitos humanos: os governos militares ditatoriais; o grande capital; os setores dos meios de comunicação de massa e jornalistas que combatem direitos humanos. Essa perspectiva de análise remonta inicialmente aos anos da ditadura, em que os militares exerciam forte poder na sociedade. Contudo, atualmente, o que mais tem influenciado é a questão dos interesses do grande capital, que "[...] proporciona uma verdadeira violência nas relações sociais, contribuindo para a concentração de renda e para o aumento das desigualdades na sociedade brasileira" (COSTA, 2017, documento on-line).

Você deve considerar, então, que no contexto do capitalismo não é possível conciliar a lógica da acumulação de riquezas, de capital e da exploração do trabalhador com as lutas a favor da garantia dos direitos humanos. Isso acontece pois, de acordo com essa lógica, os interesses pelo capital são individuais ou referem-se a uma classe específica, o que não ocorre com os direitos humanos, que buscam atender indistintamente a todos os indivíduos, sem discriminação de nenhum tipo.

Assim, como você viu, a sociedade brasileira vive situações que requerem a defesa dos direitos humanos há muitos séculos. Sua história é marcada por exploração, discriminação e violência contra muitos grupos. Nesse sentido, os direitos humanos surgem para proteger e garantir a igualdade entre todos os indivíduos. No entanto, a defesa desses direitos nem sempre é vista como algo favorável. É por isso que a população deve conhecer o verdadeiro valor desses direitos, para que possa lutar por eles e valoriza-los. A mídia, enquanto importante instrumento de comunicação de massa, pode contribuir para que isso ocorra. No entanto, são necessárias instituições de fato comprometidas com a disseminação de informações corretas e com a sociedade.

Referências

BARROCO, M. L. *O significado sócio-histórico dos direitos humanos e o serviço social*. 2008. Disponível em: <http://www.cfess.org.br/pdf/maria_lucia_barroco.pdf>. Acesso em: 12 nov. 2018.

COSTA, F. C. F. S. O senso comum acerca dos direitos humanos no Brasil. *Revista Brasileira de Direitos e Gestão Pública*, v. 4, nº. 1, p. 26–34, jan./dez. 2017. Disponível em: <https://www.gvaa.com.br/revista/index.php/RDGP/article/view/4946/0>. Acesso em: 12 nov. 2018.

FREITAS, A. C. de S. Da distorção do conceito de direitos humanos no sistema interamericano de direitos humanos Análise do caso "Movimento dos Pensionistas". *Revista Acadêmica de Direitos Fundamentais*, v. 4, nº. 4, p. 155–171, 2010. Disponível em: <http://egov.ufsc.br/portal/sites/default/files/490-1516-1-pb.pdf>. Acesso em: 23 jan. 2019.

MARCO, M. *Direitos humanos com ênfase na quarta geração*. Monografia (Graduação) — Universidade do Vale do Itajaí, Centro de Ciências Jurídicas, Políticas e Sociais, Itajaí, 2006. Disponível em: <http://siaibib01.univali.br/pdf/Marina%20de%20Marco.pdf>. Acesso em: 12 nov. 2018.

OLIVEIRA, L. *Do nunca mais ao eterno retorno*: uma reflexão sobre a tortura. 2 ed. São Paulo: Brasiliense, 2009.

ORGANIZAÇÃO DAS NAÇÕES UNIDAS. *Declaração Universal dos Direitos Humanos*. Rio de Janeiro: UNIC, 2009. Disponível em: <https://nacoesunidas.org/wp-content/uploads/2018/10/DUDH.pdf>. Acesso em: 12 nov. 2018.

VINAGRE, M.; PEREIRA, T. M. D. *Ética e direitos humanos:* curso de capacitação ética para agentes multiplicadores. 2. ed. Brasília: CFESS, 2008.

VIOLA, S. E. A. *Entre a dominação e a autonomia os direitos humanos e seus receios*. São Leopoldo: UNISINOS, 2008. Disponível em: <http://www.dhnet.org.br/educar/1congresso/049_congresso_solon_viola.pdf>. Acesso em: 23 jan. 2019.

Leituras recomendadas

ANJOS, J. G. S. O papel da assistência social na efetivação dos direitos. *Revista de Direitos Sociais e Políticas Públicas,* v. 2, nº. 1, p. 85–104, jan/jun. 2016.

MARTINELLI, M. L. O serviço social e a consolidação dos direitos: desafios contemporâneos. *Serviço Social & Saúde,* v. 10, nº. 12, dez. 2011.

PEREIRA, P. A. P.; SIQUEIRA, M. C. A. Política social e direitos humanos sob o jugo imperial dos Estados Unidos. *Serviço Social & Sociedade,* nº. 119, jul./set. 2014.

Diversidade cultural no Brasil

Objetivos de aprendizagem

Ao final deste texto, você deve apresentar os seguintes aprendizados:

- Definir diversidade cultural.
- Descrever cultura, monocultura, policultura e multiculturalismo no Brasil.
- Analisar o processo de alargamento das desigualdades sociais no Brasil.

Introdução

O Brasil é um país extremamente marcado por diversidades culturais. Tais diversidades são observadas não apenas na população como um todo, mas também nas várias regiões do território nacional. Ao lado das diversidades culturais, há situações de desigualdade social, também muito evidentes no País.

Neste capítulo, você vai aprender um pouco mais sobre esses e outros conceitos. Além disso, vai estudar a relação entre a diversidade e a desigualdade social.

Diversidade cultural

A diversidade cultural tem sido considerada uma marca da sociedade brasileira. Desde os tempos mais remotos até hoje, estudiosos se deparam com questões como esta: é possível ser igual em uma sociedade em que as pessoas são tão diferentes? A definição de diversidade está associada aos conceitos de pluralidade e heterogeneidade. Em síntese, a diversidade remete à multiplicidade de fatores.

A diversidade tem sua origem na colonização do Brasil, com a chegada dos portugueses, associada à presença do índio e do negro nas terras brasileiras. Holanda (1995, p. 43) aponta que os portugueses foram os pioneiros na missão de colonizar o Brasil, sendo os "[...] portadores naturais dessa missão". Os portugueses que aqui vieram tentaram impor aos habitantes desta terra seus costumes, sua religião e suas tradições. No entanto, o autor aponta ainda que "pouca coisa se conservou entre nós que não tivesse sido modificada ou relaxada pelas condições adversas do meio". Contudo, manteve-se "[...] a obrigação de irem os ofícios embandeirados, com suas insígnias, às procissões reais, o que se explica simplesmente pelo gosto do aparato e dos espetáculos coloridos, tão peculiar à sociedade colonial" (HOLANDA, 1995, p. 43).

Destaca-se, portanto, o fato de que não apenas os portugueses, como também os holandeses e outros povos deixaram suas marcas no País, fornecendo elementos constituintes da cultura brasileira. Ainda é necessário considerar que também permaneceram características próprias, religiões, festividades e costumes específicos de cada povo. Portanto, essa mistura de raças, etnias e todos os valores e tradições deram origem à diversidade cultural da sociedade brasileira, que o passar do tempo só fez intensificar.

Agora que você já está mais familiarizado com a noção de desigualdade, considere a noção de cultura. A Declaração Universal da Diversidade Cultural, de 2001, em seu art. 1º, aponta que a cultura "[...] adquire formas diversas através do tempo e do espaço. Essa diversidade se manifesta na originalidade e na pluralidade de identidades que caracterizam os grupos e as sociedades que compõem a humanidade" (UNESCO, 2002, documento on-line). A referida Declaração foi aprovada por 185 Estados-membros e é o primeiro documento que busca promover a diversidade cultural dos povos e a comunicação entre eles. A elaboração do documento deve-se principalmente à necessidade de se preservarem riquezas culturais, ainda que no contexto da globalização, que, dadas as suas características, acaba distanciando as culturas ao aproximar os povos exageradamente.

Alves (2010) aponta que o crescimento dos mercados mundiais trouxe a ampla sensação de que o mundo estaria vivendo um processo de homogeneização cultural. Nessa perspectiva, foram feitos apelos no sentido de promover a diversidade e as identidades locais, marcadas por grande variedade de línguas, crenças, costumes, tradições. Segundo o autor, na América Latina, o receio de uma unificação de culturas fez com que profissionais se organizassem, juntamente a movimentos sociais, a fim de pressionar os governos locais para a defesa e a promoção da identidade regional.

Ortiz (1999, documento on-line) aponta que "[...] afirmar o sentido histórico da diversidade cultural é submergi-la na materialidade dos interesses e conflitos sociais (capitalismo, socialismo, colonialismo, globalização). A diversidade cultural se manifesta em situações concretas".

Assim, você pode considerar que a diversidade cultural são os diferentes aspectos que compõem uma cultura: tradições, costumes, linguagens, formas de organização familiar, política, religião, culinária, entre outras características próprias de determinado grupo em determinada época. No entanto, de acordo com Ortiz (1999, documento on-line), é preciso ir além das diferenças:

> [...] a diversidade cultural não pode ser vista apenas como uma diferença, isto é, algo que se define em relação a, que remete a alguma outra coisa. Toda "diferença" é produzida socialmente, ela é portadora de sentido simbólico e de sentido histórico. Uma análise tipo hermenêutica que considere unicamente o sentido corre o risco de isolar-se num relativismo pouco consequente.

Ortiz (1999) aponta ainda que, em alguns casos, a diversidade esconde também relações de poder. É importante reconhecer os momentos em que ela oculta questões como a desigualdade. Para o autor, "[...] se as diferenças são produzidas socialmente isso significa que à revelia de seus sentidos simbólicos elas serão marcadas pelos interesses e pelos conflitos definidos fora do âmbito do seu círculo interno" (ORTIZ, 1999, documento on-line). Nesse sentido, complementa que a diversidade cultural é ao mesmo tempo desigual e diferente, pois ela é permeada por relações de poder e legitimidade — países fortes *versus* fracos; governo nacional *versus* internacional, entre outros. Dessa forma, não é possível falar em "unidade na diversidade", especialmente quando se tratar de problemas para os quais ainda não há respostas. A expressão "diversidade cultural" busca compreender as diferenças entre as várias culturas existentes, que fazem parte do que se chama "identidade cultural" (ORTIZ, 1999).

Nesse aspecto, o Brasil é extremamente rico. É um país marcado, desde suas origens, por diversidade em vários aspectos. Cada civilização que aqui chegou trouxe um pouco de sua cultura, suas formas de viver, se organizar e ver o mundo, o que contribui para a heterogeneidade presente na atualidade. Entretanto, Ortiz (1999) aponta que a diversidade presente no mundo antes do século XV era maior do que a existente hoje. Muitas culturas, línguas, economias e costumes foram desaparecendo com a expansão do colonialismo, do imperialismo e da industrialização. Não se pode deixar de mencionar que a diversidade cultural no Brasil é bastante evidente também entre as diferentes regiões do País. Norte, Nordeste, Sul, Sudeste, Centro-Oeste: cada Estado tem características próprias, que envolvem valores, costumes, linguagens, diferenças climáticas e nível de desenvolvimento.

> **Saiba mais**
>
> A identidade cultural, segundo Chen (2017, documento on-line), "[...] se refere à identificação com ou sem sentido de se pertencer a um grupo específico baseado em categorias culturais, inclusive nacionalidade, etnicidade, raça, gênero e religião". Ela se perpetua por meio do compartilhamento de conhecimentos de âmbito mais geral, como tradições, heranças culturais, linguagem, normas e costumes, entre outras.

Machado (2011, p. 149) afirma que a diversidade deve ser vista "[...] como um fenômeno dinâmico e multidimensional. O que deve ser preservado, portanto, não é um dado estado dessa diversidade, mas a possibilidade de direito a ela". O autor aponta também que a diversidade deve ser fonte de criatividade e base para transformações cabíveis. Ainda, menciona que não se devem "relativizar direitos humanos sobre o pretexto do respeito à diversidade". O autor cita como exemplo que não se devem "[...] violar direitos das mulheres sob o pretexto de convicções religiosas ou práticas enraizadas culturalmente" (MACHADO, 2011, p. 149).

Todos esses apontamentos direcionam para um conceito equilibrado de diversidade, que a define como algo positivo, desde que as atitudes colaborem com o desenvolvimento de competências e habilidades abertas às diferenças (MACHADO, 2011). Para o autor, não é o caso de reconhecer as pessoas apenas em suas diferenças, mas de valorizar trocas, reconhecimento, curiosidade e interesse em conhecer o outro.

Cultura, monocultura, policultura e multiculturalismo no Brasil

A **cultura** ocupa lugar de destaque na atualidade, embora não se possa deixar de considerar também sua relevância em outros momentos históricos. Entre suas múltiplas conceituações, a cultura pode ser pensada a partir de um conhecimento complexo que envolve arte, moral, crenças, costumes e leis adquiridas pelo ser humano ao longo do tempo. Miguez (2011, p. 18) aponta que:

> Esta afirmação ganha sentido, contudo, quando voltamos o olhar para a constituição da sociedade moderna, tendo em conta o papel que a cultura desempenhou nesse processo. Ou seja, se à modernidade correspondeu, como uma de suas mais importantes características, a emergência de um campo

da cultura (relativamente) autônomo em relação a outros campos, como o da religião, na circunstância contemporânea, a cultura transbordou seu campo específico, alcançando outros campos da vida social, a exemplo dos campos político e econômico.

O autor reforça essa análise afirmando que a cultura "invadiu" outros setores da vida em sociedade, o que não representa o fim da cultura como uma área específica, mas sua definição como uma área transversal, que atravessa muitos outros campos. Miguez (2011) aponta que a cultura deixou de ser algo específico de ciências como a sociologia ou a antropologia e passou a fazer parte de pesquisas de várias áreas do conhecimento. Também comenta que a cultura passou a servir como um recurso a ser utilizado no desenvolvimento de programas assistenciais que têm como focos a inclusão social, a transferência de renda, a geração de empregos, etc.

Dessa forma, você pode inferir que "cultura" é um termo que pode assumir várias definições, sendo a mais conhecida àquela ligada à antropologia e à sociologia, que envolve conhecimentos, crenças, costumes e hábitos adquiridos ao longo do tempo. Contudo, esse termo pode assumir significados diversos conforme a área de interesse. Assim, as palavras "monocultura", "policultura" e "multiculturalismo" também assumem significados diversos dependendo da área à qual estão vinculados.

O termo **monocultura**, por exemplo, está associado à produção de um único produto. Assim, uma monocultura pode ser considerada como uma unicultura. Transpondo essa noção para a área das ciências sociais, não se pode afirmar que no Brasil exista a monocultura, uma vez que o País é bastante rico em diversidade cultural. Nele, há grande variedade de costumes, hábitos, crenças, enfim, características que apontam para a existência da diversidade. Países como Japão e China, por exemplo, adotam o monoculturalismo como forma de preservar a sua cultura, excluindo influências externas. A adoção dessa estratégia se torna um pouco mais fácil em sociedades mais homogêneas e com tendências nacionalistas, o que não é o caso do Brasil.

O termo **policultura**, por sua vez, relaciona-se ao cultivo de vários tipos de produtos em um mesmo terreno, técnica muito aceita entre os povos indígenas, que a utilizavam para diversificar a sua produção. Além dos indígenas, há registros de que os quilombolas utilizavam essa técnica. Outro conceito que se destaca nesse contexto é o de **multiculturalismo**, contrário ao monoculturalismo. Ele pode ser entendido como a existência de várias culturas em determinada região ou país, no entanto com uma cultura predominante entre elas. Países como Canadá e Austrália adotam o multiculturalismo. A crítica é que o multiculturalismo pode provocar desprezo e indiferença por pessoas que não possuem as mesmas características e cultura e que porventura residam em países que adotam esse sistema. Isso ocorre porque a diversidade cultural passa a ser considerada uma ameaça para a identidade nacional.

Nas palavras de Santos e Nunes (2003, documento on-line), o multiculturalismo representa a "[...] coexistência de formas culturais ou de grupos caracterizados por culturas diferentes no seio de sociedades modernas" e está associado a processos emancipatórios e lutas pela afirmação das diferenças. Taylor (1997), por sua vez, aponta que as sociedades estão se tornando cada vez mais multiculturais e permeáveis, o que conduz à imposição de uma cultura sobre as outras. Falar em multiculturalismo e no predomínio de uma cultura sobre outras implica pensar também no papel do Estado perante essa questão. Ainda é preciso considerar que o multiculturalismo exige tolerância, no que se refere a aceitar as diferenças e a aceitar o outro de forma empática e com respeito. Caso contrário, podem ser favorecidas situações de conflito, desentendimento e violência. Com relação ao papel do Estado, ele deve contribuir para que a legislação seja de fato efetivada. Além disso, deve criar medidas para evitar que determinadas situações ocorram em razão das desigualdades existentes na sociedade.

Fique atento

Apesar da intensa diversidade cultural da sociedade brasileira, sempre foram registrados em sua história conflitos vividos por grupos étnicos que tentam impor sua cultura e sua hegemonia aos outros. Assim, desde o início da colonização brasileira, havia a pressão de Portugal, que tentava se fazer hegemônico, impondo seus costumes, tradições e modos de viver aos povos que aqui estavam.

Nesta seção, você estudou a cultura, a monocultura, a policultura e o multiculturalismo. Cada conceito possui suas especificidades, mas, de forma geral, deve prevalecer o reconhecimento das diferenças. Assim, grupos que são considerados minorias podem assumir o seu valor e lutar pela sua representatividade, favorecendo a sua construção identitária.

Nessa perspectiva, o multiculturalismo deveria prevalecer sobre o monoculturalismo, uma vez que todas as culturas e cada uma em especial devem ser reconhecidas a partir de suas diferenças, de forma que nenhuma imponha seus preceitos, valores e crenças às outras, para que nenhuma seja oprimida ou extinta. Quanto ao Estado, ele deve considerar a diversidade cultural existente e lidar com ela a partir dos direitos humanos, do reconhecimento da dignidade dos indivíduos e do respeito às diferenças.

O alargamento das desigualdades sociais no Brasil

Como você viu, o Brasil é um país de grande diversidade cultural. E o mesmo vale para as desigualdades sociais. Há uma relação entre ambas, conforme destaca Machado (2011, p. 147):

> No Brasil, onde muito do que se identifica como riqueza da diversidade cultural são tradições e saberes das populações mais pobres e, em grande parte, apartadas do processo de crescimento econômico, tal realidade produz uma dúvida incômoda. O preço da preservação desses bens imateriais seria perpetuar os desníveis entre ricos e pobres, mantendo as populações tradicionais protegidas da contaminação da informação ou do acesso ao mercado de bens e serviços culturais? Além dessa, outra indagação permanece como alerta para aqueles que formulam políticas de reconhecimento ou de promoção da diversidade: se, no limite, a menor unidade da diversidade é o próprio indivíduo, não estariam, assim, sendo colocadas em risco conquistas históricas, objeto das lutas sociais que serviram para consolidar o respeito ao interesse comum e ao espaço público da cidadania? A defesa intransigente da diversidade cultural não estaria levando mais à separação do que à aproximação entre as pessoas?

Você deve considerar que a maior parte das sociedades vivencia desigualdades, que se apresentam de diversas formas: poder, renda, prestígio, entre outras. Além disso, as origens dessas desigualdades são várias, assim como as suas manifestações. As desigualdades sociais são construções sociais e não simples fatos naturais; elas dependem em grande parte de escolhas políticas feitas ao longo do tempo (SCALON, 2011). Segundo a autora, o Brasil é um exemplo de país em que as desigualdades históricas permanecem em meio ao desenvolvimento acelerado, especialmente pela elevada diferença de renda entre a população.

Na atualidade, muitos são os exemplos que caracterizam a desigualdade social na sociedade brasileira. Por exemplo: a questão habitacional, com muitas pessoas morando em condições precárias de habitabilidade, vivendo em áreas compostas por favelas; e o saneamento básico, que resiste e atinge muitos lugares do País, o que coloca até a saúde dos moradores em risco. Além disso, são desigualdades sociais: alimentação inadequada (alguns desperdiçam e outros sequer têm o que comer), educação e saúde precárias, assim como dificuldades de acesso a outros serviços públicos essenciais.

As desigualdades sociais foram se intensificando ao longo do tempo. Para compreender esse processo, é preciso considerar a época da colonização. Esse período foi marcado pelas tentativas portuguesas de transformar os índios e negros em escravos e vassalos, ou, em momentos distintos, fazer com que assimilassem costumes europeus em detrimento de suas próprias tradições. Houve um momento, por volta de 1700, em que portugueses tentaram homogeneizar a população por meio de casamentos entre índios e portugueses, criando formas de valorização dos filhos originários dessas relações. A questão portuguesa e indígena é apenas um exemplo de como a desigualdade, em sua relação com a diversidade, afeta a vida dos indivíduos.

Em um primeiro momento, pode-se supor que o contato entre os povos, a tentativa de homogeneização e tantos outros aspectos favoreceram a diversidade cultural do Brasil, especialmente no que diz respeito a práticas, costumes e valores. Entretanto, é necessário lembrar que a escravidão vivenciada por negros e índios trouxe consequências importantes para a formação da sociedade. Ela ampliou distâncias entre as pessoas, divididas por classes sociais, e afastou os negros (em alguns casos, pobres e marginalizados) do acesso aos bens e serviços, situação de preconceito e discriminação presente até hoje. Não menos importante, houve o avanço das desigualdades na sociedade capitalista, em que predominam os interesses ligados ao capital e aos lucros, diminuindo o acesso da classe trabalhadora aos bens e serviços produzidos, o que a coloca em situação de desvantagem.

Refletindo sobre a questão das desigualdades e diversidades, você deve notar que a diferença entre as pessoas é uma das principais responsáveis por gerar desigualdades (SCOTT; LEWIS; QUADROS, 2009). Se antes a diversidade indicava apenas uma pluralidade de culturas humanas, hoje tem implicações políticas. Tais implicações podem ser percebidas nas relações entre grupos cujas desigualdades são evidentes, especialmente no que se refere a poder e resistência.

> **Fique atento**
>
> A Constituição Federal de 1988 destaca a dignidade da pessoa humana como um de seus fundamentos, pautando-se no reconhecimento e no respeito ao pluralismo e à diversidade. Assim, para assegurar esse preceito constitucional, é necessário garantir a proteção de todas as pessoas. Isso é possível a partir dos conceitos de dignidade da pessoa humana, igualdade, tolerância, respeito e pluralismo. Ser diferente, portanto, é um direito constitucional e compete a todos tratar as pessoas com respeito às suas singularidades.

Silva, Guimarães e Moretti (2017) apontam que as desigualdades geradas pela diversidade muitas vezes resultam em atitudes discriminatórias, no geral aparecendo de forma sutil e velada, tendo como pano de fundo o discurso sobre tratamento igualitário. Para os autores, quando determinadas características são identificadas e pessoas ou grupos são rotulados, surgem os comportamentos segregadores. Se estão em jogo pessoas ou grupos que já vivem em situação de desvantagem social, é comum que eles também se sintam em condições de inferioridade, assumindo esse papel. Assim, em vez de reagir a essa situação, acabam se sentindo em situação de desvantagem.

Hobsbawm (2007, p. 11), por sua vez, considera a desigualdade como resultado do mundo globalizado:

> A globalização, acompanhada de mercados livres, atualmente tão em voga, trouxe consigo uma dramática acentuação das desigualdades econômicas e sociais, no interior das nações e entre elas. Não há indícios de que essa polarização não esteja prosseguindo dentro dos países, apesar de uma diminuição geral da pobreza extrema. Este surto de desigualdade, especialmente em condições de extrema instabilidade econômica, como as que se criaram com os mercados livres globais desde a década de 1990, está na base das importantes tensões sociais e políticas do novo século. O impacto dessa globalização é mais sensível para os que menos se beneficiam dela.

Como você viu ao longo deste capítulo, a globalização também favorece o aumento das desigualdades sociais. Além disso, existe uma relação intrínseca entre a diversidade e as desigualdades sociais, o que fica evidente no Brasil, país tão grande quanto suas discrepâncias e contradições. Ao longo do tempo, as desigualdades e diversidades foram se acentuando. Na atualidade, romper com esse ciclo não é algo tão simples e requer motivação individual, tolerância e conhecimento, além do apoio do Estado no enfrentamento dessas questões.

Referências

ALVES, E. P. M. Diversidade cultural, patrimônio cultural material e cultura popular: a Unesco e a construção de um universalismo global. *Sociedade e Estado*, v. 25, nº. 3, 2010. Disponível em: <http://www.scielo.br/scielo.php?pid=S0102-69922010000300007&script=sci_abstract&tlng=pt>. Acesso em: 18 fev. 2019.

CHEN, V. H. H. Identidade cultural. *Key Concepts in Intercultural Dialogue*, nº. 22, 2017. Disponível em: <https://centerforinterculturaldialogue.files.wordpress.com/2017/08/kc22-cultural-identity_portuguese.pdf>. Acesso em: 18 fev. 2019.

HOBSBAWM, E. *Globalização, democracia e terrorismo*. São Paulo: Cia das Letras, 2007.

HOLANDA, S. B. *Raízes do Brasil*. 26. ed. São Paulo: Cia das Letras, 1995.

MACHADO, J. A diversidade cultural e o enfrentamento das desigualdades. In: BARROS, J. M.; KAUARK, G. (Org.). *Diversidade cultural e desigualdade de trocas:* participação, comércio e comunicação. São Paulo: Itaú Cultural, 2011.

MIGUEZ, P. Algumas notas sobre comércio internacional de bens e serviços culturais. In: BARROS, J. M.; KAUARK, G. (Org.). *Diversidade cultural e desigualdade de trocas:* participação, comércio e comunicação. São Paulo: Itaú Cultural, 2011.

ORTIZ, R. Diversidade cultural e cosmopolistismo. *Revista de cultura e política*, nº. 47, 1999. Disponível em: <http://www.cedec.org.br/equidade-cosmopolita---ano-1999---no-47>. Acesso em: 18 fev. 2019.

SANTOS, B. S.; NUNES, J. A. *Introdução:* para ampliar o cânone do reconhecimento, da diferença e da igualdade. Disponível em: <www.ces.fe.uc.pt/emancipa/research/pt/ft/intromulti.html>. Acesso em: 18 fev. 2019.

SCALON, C. *Desigualdade, pobreza e políticas públicas:* notas para um debate. Contemporânea, São Paulo. nº. 1. p. 49–68, 2011. Disponível em: <http://www.contemporanea.ufscar.br/index.php/contemporanea/article/download/20/5>. Acesso em: 18 fev. 2019.

SCOTT, P.; LEWIS, L.; QUADROS, M. T. (Org). *Gênero, diversidade e desigualdades na educação:* interpretações e reflexões para a formação docente. Recife: UFPE, 2009.

SILVA, L. B. O.; GUIMARÃES, M. F.; MORETTI, V. C. Princípios da igualdade e desigualdade, da diferença e da diversidade, gênero, corpo e violência: olhares sobre a educação. *Revista Travessias*, v. 11, nº. 1, jan./abr. 2017. Disponível em: <http://e-revista.unioeste.br/index.php/travessias/article/viewFile/16655/11263>. Acesso em: 18 fev. 2019.

TAYLOR, C. *Multiculturalismo*. Lisboa: Instituto Piaget, 1997.

UNESCO. *Declaração Universal sobre a Diversidade Cultural*. 2002. Disponível em: <http://unesdoc.unesco.org/images/0012/001271/127160por.pdf>. Acesso em: 18 fev. 2019.

Leituras recomendadas

COSTA, S. Da desigualdade à diferença: direito, política e a invenção da diversidade cultural na América Latina. *Revista Contemporânea*, nº. 5, v. 1, 2017. Disponível em: <http://www.contemporanea.ufscar.br/index.php/contemporanea/article/view/300/132>. Acesso em: 18 fev. 2019.

SILVA, R. M. D. As políticas culturais brasileiras na contemporaneidade: mudanças institucionais e modelos de agenciamento. *Sociedade e Estado*, v. 29, nº. 1, jan./abr. 2014. Disponível em: <http://www.scielo.br/scielo.php?script=sci_arttext&pid=S0102-69922014000100011>. Acesso em: 18 fev. 2019..

Xenofobia e discriminações

Objetivos de aprendizagem

Ao final deste texto, você deve apresentar os seguintes aprendizados:

- Analisar a xenofobia na história mundial.
- Identificar exemplos atuais de discriminação e de manifestações de xenofobia.
- Refletir a legislação vigente acerca da xenofobia e da discriminação.

Introdução

Na sociedade atual, os casos de xenofobia, discriminação, racismo e preconceito têm se multiplicado. Tais casos acontecem indiscriminadamente pelos mais variados motivos. A xenofobia, por exemplo, pode ser entendida como a aversão ao imigrante, acompanhada de atitudes preconceituosas, intolerantes e discriminatórias em relação a indivíduos que não pertencem a determinado país.

Os casos dessa natureza não são recentes e marcam a história brasileira e mundial. No Brasil, a legislação tem sofrido alterações ao longo do tempo. No entanto, muito ainda deve ser feito para que haja uma reversão de situações de violação de direitos.

Neste capítulo, você vai ver como a xenofobia se desenvolveu no mundo. Também vai conhecer exemplos de suas manifestações contemporâneas e refletir sobre a legislação atual.

Xenofobia na história mundial

A xenofobia e outras formas de preconceito e discriminação têm sido frequentes em todo o mundo, especialmente na sociedade atual. A xenofobia, que pode ser entendida como uma "aversão ao imigrante", está relacionada a atitudes preconceituosas, intolerantes e discriminatórias com todo indivíduo que não pertence a determinado país. Não se trata de preconceitos associados a nenhuma outra condição, como classe social, cor, raça, religião. O foco da xenofobia está na repulsa ao imigrante.

O imigrante, por sua vez, é entendido como aquele que vai de um país a outro em busca de melhorias nas condições de vida, trabalho e moradia. Ele sai de seu país de origem e parte para outro em caráter permanente ou temporário. Etimologicamente, o termo "xenofobia" é derivado do grego. *Xénos* significa estrangeiro e *phóbos* significa medo. No entanto, mesmo nos países em que a xenofobia está presente, nem todos os estrangeiros sofrem com preconceitos, marginalização ou algum tipo de violência.

As imigrações e a globalização são dois importantes assuntos que marcaram o século XX e que possuem uma relação estreita. Afinal, o maior desenvolvimento de alguns países, as desigualdades socioeconômicas entre as diversas nações e o crescimento de áreas como turismo, transportes, comunicações e empregos são alguns dos fatores que podem impulsionar as imigrações. Isso pode gerar consequências tanto positivas quanto negativas. No entanto, nos países que apresentam um nível de desenvolvimento maior e que, por isso, recebem um número maior de imigrantes, há maior possibilidade de a xenofobia se desenvolver.

As causas da xenofobia são as mais variadas. Entre elas, você pode considerar:

- a percepção de que imigrantes são um grupo que oferece risco à manutenção do *status* social e econômico dos cidadãos;
- o receio de aumento da concorrência por empregos;
- a reafirmação de uma identidade nacionalista;
- a ideia de que uma nação é superior.

Para Mangolin (2018), a mobilização de pessoas acontece por três razões principais, que podem ocorrer em maior ou menor grau em todos os processos migratórios. Veja a seguir.

- Perspectiva de uma vida melhor e de progresso material — foi o que aconteceu na vinda de colonos italianos para o Brasil no século XIX, já que eles fugiram de condições precárias acentuadas por crises econômicas e políticas.
- Fuga de guerras e perseguições — é o caso dos refugiados do Oriente Médio que partem em direção aos países europeus.

- Fuga de condições de empobrecimento — geralmente, esse fator está associado à exploração dos países mais pobres pelos mais ricos, bem como a desastres naturais, como terremotos, em especial o que motivou a vinda dos haitianos para o Brasil.

De acordo com a Conferência Mundial contra o Racismo, Discriminação Racial, Xenofobia e Intolerância Correlata realizada em Durban, em 2001, a origem das ações xenofóbicas, racistas e preconceituosas deve-se:

> [...] ao colonialismo que levou ao racismo, discriminação racial, xenofobia e intolerância correlata, e [...] os africanos e afrodescendentes, os povos de origem asiática e os povos indígenas foram vítimas do colonialismo e continuam a ser vítimas de suas consequências. Reconhecemos o sofrimento causado pelo colonialismo e afirmamos que, onde e quando quer que tenham ocorrido, devem ser condenados e sua recorrência prevenida. Ainda lamentamos que os efeitos e a persistência dessas estruturas e práticas estejam entre os fatores que contribuem para a continuidade das desigualdades sociais e econômicas em muitas partes do mundo ainda hoje (BRASIL, 2001, documento on-line).

Como discutido na Conferência, o problema em questão não é atual e foi se intensificando ao longo do tempo. Assim, o encontro entre povos de diversas culturas nem sempre foi bem aceito por alguns países. No Brasil, o primeiro caso de xenofobia não relacionada à questão da cor aconteceu devido à presença da corte portuguesa por aqui. Afinal, muitos portugueses assumiram cargos importantes na corte, bem como no comércio, ocupando boa parte do espaço dos brasileiros. O fato de o governo ser exercido por um português também não era visto favoravelmente pelos brasileiros, contribuindo para intensificar o clima de rivalidade entre eles e os lusos.

Um dos casos de xenofobia mais conhecidos da história ocorreu durante a Segunda Guerra Mundial e ficou conhecido como holocausto. A Alemanha exterminou milhares de judeus que haviam entrado no país, o que foi justificado pelo fato de os alemães os considerarem uma raça inferior, que poderia comprometer a nação. Na realidade, Hitler tinha a pretensão de constituir a raça ariana (pura) e para tanto queria eliminar os judeus.

A relação de ódio também é observada nos Estados Unidos, que há muito tempo é considerado um dos países mais preconceituosos e xenofóbicos do mundo. O país dificulta a entrada de imigrantes no seu território, especialmente se eles forem de origem latina.

> **Fique atento**
>
> A imigração e os casos de xenofobia têm como premissa relações sociais baseadas na desigualdade social e na exploração do homem pelo homem. É este o contexto que se encontra no centro de todo o problema da xenofobia: a desigualdade social. Portanto, a xenofobia é uma questão ideológica originária da desigualdade, o que faz com que a causa do problema mantenha-se velada e não atacada, enquanto suas consequências aparecem como causa. Assim, a oposição entre as classes — trabalhadores *versus* donos dos meios de produção — também se mantém velada e coloca em oposição trabalhadores que disputam melhores condições de vida (MANGOLIN, 2018).

Os preconceitos mencionados se expressam em comportamentos que muito se aproximam do fascismo, em virtude dos discursos de ódio e de repulsa àquilo que é diferente, ao imigrante e ao não familiar, vistos como ameaça à estabilidade, à ordem e à economia mundial. Essas situações dificultam a permanência dos imigrantes e influenciam a ação dos assistentes sociais direcionada às demandas dessas populações.

> Em outras palavras, [essas situações] obstaculizam ações que de fato reconheçam a liberdade associada à ampliação e consolidação da cidadania, a defesa do aprofundamento da democracia e a opção por um projeto profissional que se some às lutas pela construção de um projeto societário alternativo ao capitalismo (CONSELHO FEDERAL DE SERVIÇO SOCIAL, 2016, documento on-line).

Exemplos atuais de discriminação e xenofobia

Na atualidade, atitudes xenofóbicas e discriminatórias têm sido observadas em todo o mundo. Dados do relatório anual *Tendências Globais*, divulgado pela Agência da Organização das Nações Unidas (ONU) para Refugiados, apontam que o deslocamento forçado da população aumentou para 2,9 milhões em 2017, como resultado de perseguições, conflitos ou violência generalizada. Em 2016, foram registrados 65,6 milhões de deslocamentos forçados (UNHCR, 2017).

Ainda segundo o relatório, aproximadamente 16,2 milhões de pessoas se deslocaram pela primeira vez em 2017 ou já viviam em situação de deslocamento e tiveram de se deslocar novamente, o que equivale a uma pessoa se deslocando a cada dois segundos (UNHCR, 2017). A Síria é o maior país em número de refugiados no mundo, seguida da Colômbia, que tem o segundo maior número de deslocamentos forçados. O grande destino dessas pessoas, no geral, são os países que apresentam certo grau de desenvolvimento. As situações que geram a mobilização de pessoas (migração e imigração) podem ser vistas como fatores desencadeantes de ações xenofóbicas e de discriminação.

Não se pode afirmar que os processos migratórios se encontrem diretamente relacionados ao fundamentalismo religioso. No entanto, é sabido que ataques e atentados terroristas por parte do Estado Islâmico em países como Egito, França, Turquia, Kuwait e outros — bem como suas demonstrações de poder com uso de força bruta, assassinatos da oposição, leilão de jovens e meninas — foram os grandes responsáveis por deslocamentos de famílias inteiras. No que se refere a conflitos que têm como pano de fundo questões religiosas, um exemplo ocorre no Iraque, que registra um conflito entre os grupos étnicos xiitas e sunitas. Impulsionados por diferentes motivações, esses grupos já realizaram inúmeros ataques, com aproximadamente 70 mil pessoas mortas entre 2004 e 2011.

Os Estados Unidos, como você viu, é um país que recebe um número grande de imigrantes, alguns deles ilegais. Um caso de bastante repercussão envolveu crianças que foram separadas de seus pais, que entraram ilegalmente no país. Os pais foram presos e as crianças foram mantidas em abrigos até que algum cidadão norte-americano as apadrinhasse ou algum familiar que residisse nos Estados Unidos tomasse conta delas. A política que norteou a ação do governo nesse caso ficou conhecida como "tolerância zero" e causou a indignação de toda a sociedade mundial. Entre as crianças, havia brasileiros. O governo norte-americano também adotou medidas para impedir o acesso de imigrantes de seis países aos Estados Unidos, especialmente os países de origem muçulmana, sendo eles Iraque, Síria, Irã, Iêmen, Somália e Líbia.

Em 2017, o Brasil recebeu mais de 15 mil venezuelanos que saíram de seu país de origem para se livrar da crise. Boa parte desses venezuelanos se instalaram no estado de Roraima. Na medida do possível, eles foram acolhidos pelo governo local. No entanto, outras medidas precisaram ser implementadas, considerando a sobrecarga gerada para os municípios e o Estado, devido ao volume de pessoas. Ações graves como xenofobia, trabalho escravo, incêndios e até mesmo tráfico de pessoas foram relatadas ao Ministério Público.

Nesse sentido, Farah (2017, documento on-line) aponta que:

> [...] muitos haitianos e africanos vêm ao Brasil na esperança de viver em um ambiente sem ou com pouco racismo, ao adotar como residência um país majoritariamente negro, mas o cotidiano lhes revela espaços segregados, políticas segregativas e racismo estrutural, acompanhados de xenofobia.

O Brasil, na verdade, é um país que recebe muitos imigrantes. Há relatos de imigrantes sírios vítimas de preconceito e alvo de xingamentos e condições de trabalho análogas à escravidão, às quais eles se submetem devido à sua dificuldade com a língua e o mercado de trabalho.

Muito se fala na xenofobia vivenciada por estrangeiros no Brasil. No entanto, considerando a diversidade étnica e cultural do País, muitas situações de preconceito e discriminação também são relatadas pelos próprios brasileiros. Isso é perceptível se você considerar as diferenças regionais e o modo como muitas vezes são encarados aqueles que residem no Nordeste, os quais usualmente sofrem com formas desumanas de tratamento. Tal fato pode ser justificado por uma falsa ideia de superioridade do povo de uma região em relação ao de outra. Destaca-se ainda que, na edição da Copa do Mundo de Futebol de 2018, jogadores das seleções russa e francesa, por exemplo, foram alvo de racismo e preconceitos, configurando situações de xenofobia durante os jogos.

Além dos casos de xenofobia ainda presentes na sociedade brasileira, situações de preconceito racial e discriminação são muito evidentes. Inúmeros casos acontecem diariamente em todo o País. Situações dessa natureza são frequentes inclusive via redes sociais. Jornalistas negros e até mesmo a Miss Brasil negra foram alvo de racismo e comentários preconceituosos na internet. Cerqueira e Moura (2014, documento on-line) apontam que o racismo se constitui em um "[...] caso particular de discriminação em que o indivíduo, por sua cor da pele (ou raça), pode sofrer tratamentos diferenciados, no sentido de ter bloqueadas as oportunidades sociais e econômicas, ou simplesmente de ser alvo de segregação".

Saiba mais

Cerqueira e Moura (2014) afirmam que a população negra no Brasil é duplamente discriminada, tanto por sua situação socioeconômica quanto por sua cor de pele. Para os autores, é essa combinação que resulta na maior prevalência de homicídios de negros em comparação com o restante da população. O racismo aumenta a vitimização violenta das populações negras por dois canais. O canal indireto diz respeito à condição socioeconômica e deriva não apenas de um processo cujas origens estão na escravidão, mas de efeitos e influências negativas do racismo no mercado de trabalho. O canal direto se relaciona à ideia de que o negro é um ser inferior e ainda ao racismo institucional.

Tão importantes quanto as questões anteriores são os casos de *bullying* ocorridos nas escolas na atualidade. Trata-se de um tipo de violência praticado intencionalmente e de forma contínua contra um indivíduo ou grupo, com ou sem motivos aparentes. No Brasil, há notícias de casos de adolescentes vítimas de *bullying*, alguns deles tendo o óbito como desfecho. Também há registros de casos praticados entre adolescentes com agressões físicas e psicológicas relacionadas a peso, uso de óculos e orientação sexual.

Os Estados Unidos são um dos países em que há mais casos de violência relacionada ao *bullying*. Existem no país inúmeros registros de jovens que utilizam armas de fogo em escolas como forma de responder ao *bullying* sofrido em algum momento da vida. Em uma universidade na Virgínia, um estudante de 23 anos matou aproximadamente 32 pessoas e a justificativa para o ataque foi o *bullying* sofrido por ele durante o ensino médio. Segundo relatos, o adolescente era ridicularizado por ser muito tímido e pela sua forma de falar.

O que permeia os casos de xenofobia, discriminação, racismo e *bullying* é a intolerância e a falta de empatia, respeito e paciência. A legislação precisa ser mais efetiva para de fato minimizar situações como as destacadas. No entanto, são necessárias outras medidas do ponto de vista legal, político e familiar, no sentido de coibir fatos dessa natureza. A ideia é que a repressão desses atos não consista apenas em ações imediatistas realizadas logo após sua ocorrência.

A legislação relacionada à xenofobia e à discriminação

Quando você reflete sobre as legislações brasileira, precisa considerar primeiramente a Constituição Federal de 1988, principal documento jurídico do Brasil. Ela expressa as normas que devem ser seguidas em todo o território nacional. Logo em seu preâmbulo, a Constituição assegura o exercício dos direitos sociais e individuais, a liberdade, a segurança, o bem-estar, o desenvolvimento, a igualdade e a justiça como valores supremos de uma sociedade fraterna, pluralista e sem preconceitos. Assim, ela propõe a harmonia social e comprometida na ordem nacional e internacional, com solução pacífica das controvérsias. No entanto, ainda que manifestado na Carta Magna, o repúdio ao preconceito e às ações discriminatórias ainda não é tão consistente no País. Como você viu, manifestações preconceituosas ainda são muitos frequentes na vida cotidiana. Às vezes, tais atitudes são silenciosas; outras vezes, não.

Em relação à legislação específica, até pouco tempo atrás, o Brasil convivia com uma legislação baseada na segurança nacional, implementada durante o período da ditadura militar, embora o contexto já fosse o de um regime baseado na ordem democrática (OLIVEIRA, 2017). De acordo com Oliveira (2017, documento on-line), "[...] além de ultrapassado na dimensão política, o Estatuto do Estrangeiro engessava a tomada de decisões voltadas ao acolhimento e à integração dos imigrantes". A revisão da legislação se mostrou necessária, considerando a saída de muitos brasileiros para residirem no exterior e a chegada de fluxos migratórios de diversos países.

Em 24 de maio de 2017, o Brasil aprovou a Lei de Migração (Lei n°. 13.445), que assegura ao migrante os mesmos direitos que o cidadão brasileiro possui. Entre os aspectos mencionados na nova lei, está prevista a regularização da migração. Assim, passa a ser proibida a prisão do estrangeiro por estar ilegal no País e são repudiadas ações de expulsão e falta de acolhimento a essas pessoas. Em seu art. 3°, a lei assegura os princípios e diretrizes: repúdio e prevenção à xenofobia, ao racismo e a quaisquer formas de discriminação; e não criminalização da migração (BRASIL, 2017). Para Oliveira (2017, documento on-line):

> [...] o novo arcabouço legal representa um grande avanço no trato da questão migratória no Brasil e abre a perspectiva de esperança para os coletivos migrantes que já se encontram por aqui, para aqueles que estão por vir e para os brasileiros que emigraram para o exterior. O maior avanço de todos, sem dúvida, foi acabar com o anacronismo do Estatuto dos Estrangeiros, aparato jurídico inspirado num regime de exceção, cuja base se assentava na doutrina da segurança nacional e que vigorava mesmo depois da aprovação da Constituição Democrática de 1988.

Você deve notar ainda que, além da alteração na referida legislação, no Brasil, agressões ligadas à xenofobia também são consideradas crime. Isso é definido na Lei n°. 9.459, de 13 de maio de 1997, que, em seu art. 1°, enfatiza: "[...] serão punidos, na forma da lei, os crimes resultantes de discriminação ou preconceito de raça, cor, religião ou procedência nacional" (BRASIL, 1997a, documento on-line). Ainda de acordo com essa lei, ofensas verbais direcionadas à população migrante são consideradas crime de injúria. No entanto, apesar da lei, poucas denúncias tiveram continuidade na Justiça e poucos casos de xenofobia foram punidos (FARAH, 2017).

Saiba mais

O Estado de São Paulo possui uma legislação específica contra a discriminação racial (Lei n°. 14.187, de 19 de julho de 2010). Tal legislação dispõe sobre as penalidades administrativas a serem aplicadas pela prática de atos de discriminação racial. Em seu art. 1°, ela estabelece que será punido todo ato discriminatório por motivo de raça ou cor praticado no Estado por qualquer pessoa, jurídica ou física, inclusive a que exerça função pública.

Em relação aos crimes de racismo, em 20 de julho de 2010, o Brasil aprovou a Lei nº. 12.288, que institui o Estatuto da Igualdade Racial. Esse estatuto assegura à população negra a igualdade de oportunidades, a defesa de direitos étnicos individuais e coletivos, o combate à discriminação e a qualquer forma de intolerância étnica. Essa perspectiva está em consonância com o previsto na Constituição Federal (art. 5º), que define o crime de racismo como inafiançável e imprescritível, estando ainda sujeito à pena de reclusão (BRASIL, 1988).

O Código Penal brasileiro (BRASIL, 1940), em seu art. 140, parágrafo 3º, estabelece o crime de injúria, definido como qualquer situação que envolva ofensa de uma ou mais vítimas por meio de elementos referentes a raça, cor, etnia, religião e origem. Trata-se de um crime inafiançável, mas passível de prescrição em oito anos. No caso de reclusão, está prevista pena de 1 a 3 anos.

Cabe você notar ainda que há outros dispositivos legais que contribuem para minimizar crimes como os discutidos neste capítulo. Assim, o racismo é um item importante no ordenamento jurídico brasileiro. Por exemplo, a Lei da Imprensa (BRASIL, 1967), em seu art. 14, classifica como crime a propaganda de preconceitos de raça ou classe, com detenção de 1 a 4 anos. Já a Lei de Combate à Tortura (BRASIL, 1997b), art. 1º, afirma que é considerado crime de tortura constranger alguém com uso de violência ou grave ameaça, ocasionando sofrimento físico ou mental em razão da discriminação racial ou religiosa. A pena prevista para esse crime é de 2 a 8 anos de reclusão.

Assim, Oliveira (2017) aponta que no Brasil os imigrantes têm sido reconhecidos na legislação e que importantes passos já foram dados. Entretanto, complementa:

> Os próximos passos apontam nas seguintes direções: assegurar que a regulamentação preserve esses avanços e que a lei não seja desfigurada nesse processo; reivindicar a imediata definição do organismo de governo que será responsável pela condução das políticas migratórias; buscar reverter de alguma forma os vetos presidenciais, sobretudo aqueles que atingiram os povos indígenas e o que negou anistia aos migrantes que se encontram em situação irregular; e promover campanhas educativas e de esclarecimentos sobre a necessária implementação da lei, de modo a combater, no campo das ideias, os setores contrários à migração, o que não significa diminuir a atenção sobre possíveis atitudes mais agressivas, que irão requerer denúncia junto às autoridades policiais (OLIVEIRA, 2017, documento on-line).

Assim, como você viu ao longo deste capítulo, a legislação tem buscado prevenir e punir situações de violação de direitos — como a xenofobia e a discriminação — e até mesmo aquelas que resultam em violências de diversos tipos. O mesmo tem sido feito para proteger os imigrantes que chegam ao País, considerando que isso pode contribuir para minimizar situações que gerem atitudes preconceituosas e violentas.

Referências

BRASIL. *Conferência Mundial contra o racism discriminação racial, xenofobia e intolerância correlata*. 2001. Disponível em: <http://www.unfpa.org.br/Arquivos/declaracao_durban.pdf>. Acesso em: 25 nov. 2018.

BRASIL. Constituição da República Federativa do Brasil de 1988. Diário Oficial da União, Brasília, DF, 1988.. Disponível em: <http://www.planalto.gov.br/ccivil_03/Constituicao/Constituicao.htm>. Acesso em: 25 nov. 2018.

BRASIL. *Decreto-lei nº. 2.848, de 7 de dezembro de 1940*. Código Penal. 1940. Disponível em: <http://www.planalto.gov.br/ccivil_03/decreto-lei/Del2848compilado.htm>. Acesso em: 25 nov. 2018.

BRASIL. *Lei nº. 5.250, de 9 de fevereiro de 1967*. Regula a liberdade de rnanifestação do pensamento e de informação. 1967. Disponível em: <http://www.planalto.gov.br/ccivil_03/LEIS/L5250.htm>. Acesso em: 25 nov. 2018.

BRASIL. *Lei nº. 9.445, de 14 de março de 1997*. Concede subvenção econômica ao preço do óleo diesel consumido por embarcações pesqueiras nacionais. 1997b. Disponível em: <http://www.planalto.gov.br/ccivil_03/LEIS/L9445.htm>. Acesso em: 25 nov. 2018.

BRASIL. *Lei nº. 9.459, de 13 de maio de 1997*. Altera os arts. 1º e 20 da Lei nº. 7.716, de 5 de janeiro de 1989, que define os crimes resultantes de preconceito de raça ou de cor, e acrescenta parágrafo no art. 140 do Decreto-lei e 2.848, de 7 de dezembro de 1940. 1997a. Disponível em: <http://www2.camara.leg.br/legin/fed/lei/1997/lei-9459-13-maio-1997-374814-publicacaooriginal-1-pl.html>. Acesso em: 25 nov. 2018.

BRASIL. *Lei nº. 13.445, de 24 de maio de 2017*. Institui a Lei de Migração. 2017. Disponível em: <http://www.planalto.gov.br/ccivil_03/_Ato2015-2018/2017/Lei/L13445.htm>. Acesso em: 25 nov. 2018.

CERQUEIRA, R. C.; MOURA, R. L. Vidas perdidas e racismo no Brasil. *Publicatio*, v. 22, nº. 1, jan./jun. 2014. Disponível em: <http://www.revistas2.uepg.br/index.php/sociais/article/view/6320>. Acesso em: 25 nov. 2018.

CONSELHO FEDERAL DE SERVIÇO SOCIAL. *Xenofobia*. Brasília: CFESS, 2016. Disponível em: <http://www.cfess.org.br/arquivos/CFESS-Caderno05-Xenofobia-Site.pdf>. Acesso em: 25 nov. 2018.

FARAH, P. D. Combates à xenofobia, ao racismo e à intolerância. *Revista USP*, nº. 114, p. 11–30, jul/ago 2017. Disponível em: <http://www.revistas.usp.br/revusp/article/view/142365>. Acesso em: 25 nov. 2018.

OLIVEIRA, A. T. R. Nova lei brasileira de migração: avanços, desafios e ameaças. *Revista Brasileira de Estudos de População*, v. 34, nº. 1, p. 171–179, jan./abr. 2017. Disponível em: <http://www.scielo.br/scielo.php?script=sci_arttext&pid=S0102-30982017000100171>. Acesso em: 25 nov. 2018.

UNHCR. *Global Trends:* forced displacement in 2017. 2018. Disponível em: <https://www.unhcr.org/globaltrends2017/#>. Acesso em: 25 nov. 2018.

Leituras recomendadas

BRASIL. *Lei nº. 7.716 de janeiro de 1989.* Dispõe sobre os crimes resultantes de raça ou cor. 1989. Disponível em: <http://www.planalto.gov.br/ccivil_03/LEIS/L7716.htm>. Acesso em: 25 nov. 2018.

BRASIL. *Lei nº. 12.288, de 20 de julho de 2010.* Institui o Estatuto da Igualdade Racial; altera as Leis nº. 7.716, de 5 de janeiro de 1989, nº. 9.029, de 13 de abril de 1995, nº. 7.347, de 24 de julho de 1985, e nº. 10.778, de 24 de novembro de 2003. 2010. Disponível em: <http://www.planalto.gov.br/ccivil_03/_Ato2007-2010/2010/Lei/L12288.htm>. Acesso em: 25 nov. 2018.

MILESI, R.; COURY, J. R. Migração venezuelana ao Brasil: discurso político e xenofobia no contexto atual. *Revista do Corpo Discente*, v. 10, nº. 22, p. 53–70, ago. 2018

SÃO PAULO. *Lei nº. 14.187, de 19 de julho de 2010.* Dispõe sobre penalidades administrativas a serem aplicadas pela prática de atos de discriminação racial. 2010. Disponível em: <https://www.al.sp.gov.br/repositorio/legislacao/lei/2010/lei-14187-19.07.2010.html>. Acesso em: 25 nov. 2018.

Desigualdades sociorraciais e políticas públicas

Objetivos de aprendizagem

Ao final deste texto, você deve apresentar os seguintes aprendizados:

- Identificar as desigualdades sociorraciais presentes na história do Brasil.
- Apontar políticas públicas brasileiras para afrodescendentes, indígenas, mulheres e minorias diversas.
- Discutir acerca do alcance das políticas públicas de enfrentamento às desigualdades no Brasil.

Introdução

Neste capítulo, você vai ver como se constituem as desigualdades sociorraciais e demais formas de violência e exploração das minorias sociais existentes no Brasil. Para isso, você vai conhecer algumas das consequências da cultura patriarcal. Como você sabe, tal cultura caracteriza o homem como detentor do poder político e moral e de privilégios sociais sobre outros segmentos, em especial as mulheres.

A ideia é que você acompanhe alguns exemplos de políticas públicas e reflita sobre a situação das minorias na atualidade. Além disso, você deve atentar aos desafios para o combate a todas as formas de desigualdade em um cenário de violência estrutural e exploração do capital.

Desigualdades históricas

Para entender as mazelas sociais e as diferentes expressões da desigualdade que afligem o Brasil hoje, você precisa conhecer um pouco da história desses processos. Tal história é complexa e começa há cerca de 500 anos. Por volta de 1530, o Brasil passava por um processo de organização econômica e civil. Os portugueses, que já tinham experiências consolidadas em colônias tropicais, como a Índia e a África, trataram de estabelecer por aqui um sistema de exploração que seria considerado a experiência mais significativa já praticada por eles até então. A agricultura como base financeira, a estrutura patriarcal da família, o trabalho escravo e a miscigenação do português com as nativas (índias) criaram as condições necessárias para o estabelecimento da cultura econômica e social do invasor (FREYRE, 2006).

A experiência trazida ao Brasil pelos portugueses que chegavam de outras colônias levou à implantação de conhecimentos e técnicas que permitiram o cultivo de plantas alimentares. Elas foram transplantadas com êxito para o meio agrícola, adaptando-se ao clima tropical e permitindo o trabalho do negro em larga escala. O cristianismo social, com foco na família mais do que na Igreja, entre outros fatores, favoreceu o processo de colonização da América Portuguesa. Tal colonização se estabeleceu sobre os pilares da escravidão, da casa-grande e da família patriarcal. Outra característica desse processo de formação social e cultural da sociedade brasileira eram as famílias constituídas por muito membros, infladas por filhos bastardos e dependentes dos patriarcas, que eram, nas palavras de Gilberto Freyre (2006, p. 85), "[...] mais femeeiros na sua moral sexual [...]".

Assim, a família colonial brasileira instaurou-se sobre as bases da riqueza agrícola e do trabalho escravo. Tais elementos determinariam as funções econômicas e sociais fundantes da cultura política que se formou. Ainda hoje é possível visualizar essas características, moldadas pelos princípios da oligarquia e do nepotismo. Os padres da época, em oposição à sociedade colonial, defendiam a fundação de uma santa república de índios "domesticados" para Jesus. Tinham por objetivo apropriar-se dos nativos para que eles trabalhassem em suas propriedades, eliminando todas as formas de autonomia familiar ou individual desses sujeitos. Eles eram trajados de maneira uniforme, tal qual crianças em um orfanato ou internos de algum estabelecimento similar característico do período. É importante destacar aqui que o termo "orfanato" não faz parte da política atual de acolhimento institucional executada no Brasil e regida pelos princípios do Estatuto da Criança e do Adolescente (ECA).

> **Saiba mais**
>
> Os religiosos da época eram conhecidos como jesuítas. Os primeiros que vieram ao Brasil chegaram com o primeiro governador-geral da colônia, Tomé de Sousa, em 1549. Eles eram liderados por Manuel da Nóbrega e tinham como principal missão cristianizar os nativos e zelar pela Igreja instalada no Brasil colonial.
> Os jesuítas construíram locais chamados "missões", onde combinavam a catequese dos nativos com a sua utilização como mão de obra para a produção de tudo o que a missão precisasse. Para que exercessem seu trabalho na colônia, inicialmente, foi necessário criar uma comunicação com os nativos, uma vez que eles falavam tupi e os jesuítas falavam português. Assim, o padre José de Anchieta desenvolveu um manual que auxiliava na comunicação dos jesuítas com os nativos. Nesse período da história brasileira, o idioma mais comum aqui era a língua geral, que mesclava elementos do português com idiomas nativos (SILVA, 2008).

Quanto à cultura alimentar da sociedade brasileira desse período, cabe destacar o registro de Gilberto Freyre no clássico *Casa-Grande & Senzala*:

> Mais bem alimentados [...] eram na sociedade escravocrata os extremos: os brancos das casas-grandes e os negros das senzalas. Natural que dos escravos descendam elementos dos mais fortes e sadios da população. Os atletas, os capoeiras, os cabras, os marujos. E que da população média, livre mas miserável, provenham muitos dos piores elementos; dos mais débeis e incapazes. É que sobre eles principalmente é que têm agido, aproveitando-se da sua fraqueza de gente mal alimentada, a anemia palúdica, o beribéri, as verminoses, a sífilis, a bouba. [...] Do que pouco ou nenhum caso tem feito essa sociologia, mais alarmada com as manchas da mestiçagem do que com as da sífilis, mais preocupada com os efeitos do clima do que com os de causas sociais suscetíveis de controle ou retificação, e da influência que sobre as populações mestiças, principalmente as livres, terão exercido não só a escassez de alimentação, devido à monocultura e ao regime do trabalho escravo, como a pobreza química dos alimentos tradicionais que elas, ou antes, que todos os brasileiros, com uma ou outra exceção regional, há mais de três séculos consomem, é da irregularidade no suprimento e da má higiene na conservação e na distribuição de grandes partes desses gêneros alimentícios. São populações ainda hoje, ou melhor, hoje mais do que nos tempos coloniais, pessimamente nutridas (FREYRE, 2006, p. 96–97).

Os senhores de escravos aprenderam desde cedo que, para melhorar o rendimento e a eficiência do trabalho do negro em suas propriedades, a alimentação seria um fator fundamental. Ele era necessária para conservar o negro e manter sua eficiência nas tarefas. O negro, enquanto seu capital e máquina de trabalho, obtinha alimentação farta e reparadora. Embora ainda não fosse nenhum primor da culinária, a alimentação dos escravos era, em grande parte, abundante em milho, toucinho, feijão e outros alimentos necessários para mantê-los produtivos nas tarefas que lhes fossem designadas. Esses gastos com alimentação nada mais eram do que investimentos para obter melhoria na produção. Os negros continuavam sendo tratados de forma desumana e sofriam os mais diversos abusos por parte de seus senhores.

> **Fique atento**
>
> A escravidão no Brasil se consolidou como uma experiência de longa duração que marcou diversos aspectos da cultura e da sociedade brasileira. Mais do que uma simples relação de trabalho, a existência da mão de obra escrava africana fixou um conjunto de valores na sociedade brasileira em relação ao trabalho, aos homens e às instituições.
> Nessa trajetória, é possível identificar a persistência do preconceito racial e social. Durante o governo de Dom Pedro II, várias leis de caráter abolicionista foram aplicadas. A gradação da política abolicionista traduzia o temor que certos setores da elite tinham de um processo de abolição brusco, capaz de promover uma revolta social. A Lei Eusébio de Queiroz, de 1850, foi a primeira a proibir o tráfico de escravos para o Brasil. Somente quase 40 anos depois, em 1888, a Lei Áurea deu fim ao regime escravista brasileiro (SOUSA, 2008).

Nesse processo de gestação de uma nova sociedade, inúmeros fatores seriam determinantes para a formação de um povo e uma nação com características, cultura e mazelas próprias. A sífilis, depois da má nutrição, talvez tenha sido uma das grandes influências sociais do período, trazendo como consequências tanto deformações físicas quanto pauperização econômica do mestiço brasileiro. A doença trazida pelos primeiros europeus espalhou-se rapidamente pelas praias da colônia por meio das relações entre índias e colonizadores. Veja:

> Costuma-se dizer que a civilização e a sifilização andam juntas: o Brasil, entretanto, parece ter se sifilizado antes de se haver civilizado. Os primeiros europeus aqui chegados desapareceram na massa indígena quase sem deixar sobre ela outro traço europeizante além das manchas de mestiçagem e de sífilis. Não civilizaram: há, entretanto, indícios de terem sifilizado a população aborígine que os absorveu (FREYRE, 2006, p. 110).

A miscigenação foi importantíssima para o plano de povoamento da colônia brasileira. Por meio dos primeiros colonizadores é que foi preparado o campo para o único processo de colonização possível no Brasil, o da formação de uma sociedade híbrida por meio da poligamia. Do contato dos primeiros europeus com os nativos, resultaram as primeiras camadas de mestiçagem. Isso facilitou a penetração da segunda leva de povoadores que aqui vieram se instalar. O intercurso sexual entre colonizador e mulher índia se mostraria bem mais perverso do que a perturbação por doenças venéreas, o que se deve também à relação de submissão e sadismo imposta pelos estrangeiros.

A dominação do homem sobre a mulher não se fixou apenas no meio sexual, mas também se estendeu para as relações sociais que se davam entre homem europeu e mulheres de raças submetidas ao seu domínio. Toda essa cultura de submissão e sadismo do senhor/colonizador/homem sobre escravo/colonizado/mulher está intimamente ligada à formação econômica e patriarcal do Brasil. Isso se relaciona com os inúmeros casos de domínio e abuso sexual de mulheres que ocorrem ainda hoje. Nesse contexto, a mulher é reprimida social e sexualmente pelo homem e pela sociedade em geral. Ainda com relação ao período colonial, cabe destaque ao sadismo praticado pelas mulheres, esposas dos senhores, sobre seus escravos, especialmente sobre as mulatas, muitas vezes por simples ciúme ou inveja sexual (FREYRE, 2006).

Sobre a miscigenação do povo brasileiro, muito se estudou ao longo dos séculos. Entre esses estudos, se destaca o relato do viajante suíço Louis Agassiz, que esteve no Brasil em 1865 e concluiu seu relato da seguinte forma:

> [...] que qualquer um que duvide dos males da mistura de raças, e inclua por mal-entendida filantropia e botar abaixo todas as barreiras que a separam, venha ao Brasil. Não poderá negar a deterioração decorrente da amálgama das raças, mais geral aqui do que em qualquer outro país do mundo, e que vai apagando rapidamente as melhores qualidades do branco, do negro e do índio, deixando um tipo indefinido, híbrido, deficiente em energia física e mental (AGASSIZ, 1896, p. 71).

Essa visão eurocêntrica sintetizada por Agassiz (1896) se estendeu por séculos e ainda faz parte do imaginário estrangeiro sobre o Brasil. A imagem de paraíso sexual, de país do futebol, das praias e do carnaval, bem como a crescente desmoralização das instituições políticas, são reflexo em parte das atitudes dos brasileiros, porém demonstram também uma visão preconceituosa e superficial sobre a sociedade e a cultura nacionais.

Sobre o preconceito, Crochík (1995) destaca que os fatores que levam um indivíduo a ser ou não preconceituoso perpassam seu processo de socialização e de formação, em consonância com as transformações sociais vividas por ele. Em outras palavras, o ambiente que constitui o sujeito é responsável pelo desenvolvimento ou não de determinada atitude preconceituosa. Esta se manifesta de forma individual, mas é resultado do processo de socialização como resposta aos conflitos gerados. Tal socialização é fruto da cultura, relacionada com a história vivenciada pelo sujeito. Assim, esses processos podem variar historicamente e de acordo com as diferentes culturas. Veja:

> [...] os conteúdos do preconceito em relação aos diversos objetos não são semelhantes entre si. Aquilo que o preconceituoso imaginariamente percebe como sendo o deficiente físico não é o mesmo que imagina ser o deficiente mental; o estereótipo sobre o negro de que se utiliza é distinto do estereótipo sobre o judeu. Ou seja, cada objeto suscita no preconceituoso afetos diversos relacionados a conteúdos psíquicos distintos (CROCHÍK, 1995, p. 12).

A sociedade brasileira é fortemente marcada pela exclusão, pelo preconceito e pela discriminação. As questões de gênero, sociais, étnicas e raciais são perpetuadas por meio de processos sutis e complexos. Isso se expressa nas relações sociais historicamente enraizadas. Nesse sentido, os processos de exclusão sempre vitimaram grupos sociais marginalizados por motivos socioeconômicos. Candau (2003) afirma que exclusão social e discriminação racial relacionam-se. Porém, têm diferentes níveis de especificidade e de autonomia.

Candau (2003) afirma que os afrodescendentes vivem uma situação de desvantagem com relação a outras formas de discriminação, pois sofrem com disparidades variadas de que são vítimas e também com o encobrimento e a dissimulação. Assim, eles mesmos acabam, por vezes, reproduzindo de forma inconsciente as discriminações sofridas e carecendo de percepção do processo sócio-histórico em que estão inseridos. A apologia à mestiçagem, segundo a autora, é uma das formas de dissimulação usadas para amenizar as situações de desigualdade, utilizando a justificativa de que o cruzamento de diferentes raças possibilitou a ascensão social do negro mestiço, mulato. Dessa percepção, segundo a autora, surge o mito da democracia racial:

> [...] a democracia racial é uma corrente ideológica que pretende eliminar as distinções e desigualdades entre as três raças formadoras da sociedade brasileira (a negra, a indígena e a branca), afirmando que existe igualdade entre elas. Elimina-se, assim, o conflito, continuando-se a perpetuar estereótipos e preconceitos, pois, se seguirmos a lógica de que as diferentes raças, desde o início do processo colonizador, foram se integrando cordialmente,

poderemos pensar que as diferentes posições hierárquicas entre elas devem-se à capacidade e ao empenho dos indivíduos. Esta ideia disseminou-se no imaginário social, contribuindo para que o corpo social não se reconhecesse como uma sociedade hierarquizadora e discriminadora (GOMES, 1994, apud CANDAU, 2003, p. 20).

Conforme Santos (1997), a questão afrodescendente merece atenção especial. É necessária a união dos movimentos de representação dos negros. Eles devem articular um novo discurso, ampliando o debate sobre as causas dos movimentos e respeitando a pluralidade dos indivíduos. Essa pluralidade, segundo o autor, enriquece e fortalece a atuação desses grupos. A trança ou o cabelo espichado não devem ser fatores de separação. Deve-se, portanto, respeitar as individualidades de cada um, primando pela tolerância para o avanço da causa. Esse processo também necessita ir ao encontro de estratégias elaboradas com bases científicas e de forma organizada. Todos os envolvidos devem ser multiplicadores da luta.

> Só assim será possível rever injustiças seculares, estruturais e cumulativas, mediante políticas compensatórias, que devem ser urgentemente implantadas neste país, inclusive as medidas de discriminação positiva. Pedir aos negros que aceitem o discurso oficial e esperem tranquilos a evolução normal da sociedade é condená-los a esperar outro século. O país necessita, com urgência, de medidas positivamente discriminatórias, que são a única forma de refazer um balanço mais digno, revendo o balanço histórico (SANTOS, 1997, p. 141).

Outro segmento que merece especial atenção quando se trata de processos históricos de discriminação racial no Brasil é o indígena. Desde a época do Brasil colônia, com o choque das culturas europeia e ameríndias, ocorre um drástico processo de dissolução da cultura tradicional indígena. As populações nativas da América sofreram destruição cultural e moral quase completa por meio da ação do colonizador ou do missionário. Isso se deu como um efeito colateral do choque entre civilizações em estados distintos de desenvolvimento, efeito este comum na história da humanidade.

Conforme Freyre (2006, p. 177), "[...] sob a pressão moral e técnica da cultura adiantada, esparrama-se a do povo atrasado [...]". Os nativos são os mais prejudicados nesse processo de fricção interétnica. Eles são alienados da possibilidade de desenvolverem-se de forma autônoma, já que foram induzidos a adotar, de forma natural ou pela força, os padrões impostos pelo imperialismo colonizador.

Esse processo desenvolveu-se ao longo dos anos. Uma das maneiras de contorná-lo é implantar políticas públicas voltadas à preservação da cultura das comunidades afetadas, bem como à inclusão desses indivíduos em meio urbano e rural. Na próxima seção, você vai ver como as políticas públicas podem alterar o cenário de discriminação e desigualdade.

Políticas públicas brasileiras

Nos últimos anos, vêm ganhando espaço políticas públicas voltadas à inclusão social de indígenas em cursos de ensino superior do Brasil — em instituições públicas, privadas e comunitárias. Isso se dá por meio de programas de acesso e permanência, como a política de cotas e outros projetos similares.

Você pode tomar como parâmetro o caso da Universidade Federal do Rio Grande do Sul (UFRGS). Ela é uma das instituições pioneiras nesse segmento. Em 2007, instituiu o Programa de Ações Afirmativas, criado por decisão do Conselho Universitário. Esse conselho determinou que, a partir de 2008, 30% de todas as vagas dos cursos de graduação seriam destinadas a estudantes oriundos de escolas públicas, considerando 50% destas reservadas para alunos autodeclarados negros ou pardos.

Entre as medidas tomadas por esse programa, também está a criação de 10 vagas anuais para indígenas. Essa conquista foi assegurada em grande parte por mérito da mobilização dos grupos indígenas que tinham por objetivo assegurar, em especial no Rio Grande do Sul, o acesso ao ensino a estudantes originários ou descendentes dos povos Kaingang e Guarani. O processo seletivo desses estudantes ocorreria de forma diferenciada dos demais candidatos, por meio de critérios próprios regulados pela Comissão de Acesso e Permanência do Estudante Indígena.

Em 29 de agosto de 2012, foi instituída a Lei nº. 12.711, chamada Lei das Cotas. Ela padronizou todas essas políticas institucionais que vinham sendo desenvolvidas pelas instituições federais de educação superior no País. A lei garantiu a reserva de 50% das vagas em estabelecimentos de educação federal para estudantes oriundos de escolas públicas, considerando critérios socioeconômicos, étnico-raciais e pessoas com deficiência. Quanto à divisão das vagas, veja o que afirma o art. 3º da Lei das Cotas:

> Art. 3º Em cada instituição federal de ensino superior, as vagas de que trata o art. 1º desta Lei serão preenchidas, por curso e turno, por autodeclarados pretos, pardos e indígenas, em proporção no mínimo igual à de pretos, pardos e indígenas na população da unidade da Federação onde está instalada a instituição, segundo o último censo do Instituto Brasileiro de Geografia e Estatística (IBGE) (BRASIL, 2012, documento on-line).

Essa é apenas uma das inúmeras políticas públicas voltadas para o suporte e a inclusão da população indígena. A política de demarcação de terras indígenas, por exemplo, está em constante debate, especialmente em período eleitoral. Porém, esse segmento populacional, como muitos outros no País, ainda carece de programas mais efetivos que sejam desenvolvidos com maior participação dos sujeitos. O ideal é respeitar os diferentes níveis de interação com a sociedade urbana em que as populações indígenas se encontram e, especialmente, atentar àqueles que ainda preservam os costumes e valores tradicionais desses povos.

Link

Para obter dados sobre as terras indígenas no Brasil, acesse o link a seguir.

https://goo.gl/vJp14Z

O alcance das políticas públicas

Na discussão acerca dos processos sócio-históricos de reprodução e combate às desigualdades vivenciadas pelas minorias sociais, vale ressaltar o conceito de **minoria social**. Uma minoria social é um grupo de pessoas que, por motivos econômicos, culturais, raciais ou religiosos, são marginalizadas na prática do convívio em sociedade. Minorias sociais não são necessariamente grupos formados por minorias quantitativas, mas se caracterizam por estar em situação de vulnerabilidade, sendo afetados de forma qualitativa na garantia dos seus direitos sociais.

No Brasil, negros e mulheres são minorias que possuem um histórico de discriminação e permanecem na luta pelo reconhecimento de seus direitos e pelo exercício de sua cidadania. Candau (2003) aponta que as relações de gênero no Brasil sofrem com um processo histórico de hierarquização pautado na diferença entre os sexos. Nesse sentido, o homem heterossexual encontra respaldo em uma superioridade enraizada na cultura e nas práticas sociais, em detrimento da mulher e dos grupos de lésbicas, gays, bissexuais, travestis, transexuais ou transgêneros (LGBTs). As práticas de discriminação se legitimam por intermédio da predominância, ainda hoje, do sistema patriarcal. Tal sistema se instaura nas relações sociais e continua a ser reproduzido nas famílias e instituições, que contribuem para a perpetuação das mais variadas formas de preconceito, discriminação e abuso contra a mulher.

Candau (2003) ainda relata que ocorreram alguns avanços sociais e jurídicos relacionados à luta feminista e aos movimentos organizados de mulheres, que tiveram substancial crescimento após a década de 1960. Contudo, essas conquistas têm sofrido constantes ataques por parte de setores conservadores e fascistas, que têm se fortalecido na política brasileira. Estes, utilizando discursos discriminatórios em nome de determinadas organizações religiosas e a serviço da burguesia empresarial, possuem entre seus representantes indivíduos que defendem, entre outras propostas, a remuneração diferenciada para homens e mulheres. Muitos deles consideram que mulheres deveriam obter remuneração menor do que homens em cargos idênticos porque elas possuem o "risco" de engravidar.

Esse tipo de percepção contribui muito para o aumento da discriminação da mulher no âmbito do trabalho e da política. Também leva a casos de violência que se multiplicam por todo o País, resultando no crescimento dos casos de feminicídio, entendido como o assassinato de mulheres cometido em razão de gênero. A sociedade machista brasileira, que determina um padrão cultural, social e dominante a ser seguido, é responsável pela criação de estereótipos de gênero que atingem em grande parte as mulheres e acentuam-se no caso das mulheres negras. Assim:

> O preconceito contra as mulheres é persistente e a luta para sua superação apresenta grandes desafios. Este preconceito não só permitiu justificar a diferença sexual como argumento de hierarquia que inferiorizava as mulheres, como também tende a tornar invisível a presença da mulher na sociedade, particularmente na esfera pública (CANDAU, 2003, p. 24).

Como você pode notar, a história do Brasil foi construída sobre pilares concretados com sangue e abuso das minorias sociorraciais. Tais minorias ainda carregam o peso das práticas discriminatórias que seguem ocorrendo na contemporaneidade. As instituições e a cultura brasileiras se alimentam desses processos para seguir reproduzindo as práticas de exploração sobre as minorias, com vistas à perpetuação do poder — familiar, político, e outros — e da acumulação do capital, concretizada por meio do parasitismo do sistema sobre determinados grupos sociais.

Cabe a você, como profissional de Serviço Social, ficar atento a essas práticas, que por muitas vezes se confundem e se entrelaçam com a ontologia da profissão. O ideal é que você desenvolva um olhar técnico e um pensamento crítico sobre essas situações, evitando e combatendo a naturalização da práxis discriminatória.

Referências

AGASSIZ, L. *A journey in Brazil*. Boston: S.E, 1896.

BRASIL. *Lei nº. 12.711, de 29 de agosto de 2012*. Dispõe sobre o ingresso nas universidades federais e nas instituições federais de ensino técnico de nível médio e dá outras providências. 2012. Disponível em: <http://www.planalto.gov.br/ccivil_03/_ato2011-2014/2012/lei/l12711.htm>. Acesso em: 16 out. 2018.

CANDAU, V. M. *Somos tod@s iguais?* Escola, discriminação e educação em direitos humanos. Rio de Janeiro: DP&A, 2003.

CROCHÍK, J. L. *Preconceito, indivíduo e cultura*. São Paulo: Casa do Psicólogo, 1995.

FREYRE, G. *Casa-grande & senzala:* formação da família brasileira sob o regime da economia patriarcal. 51. ed. São Paulo: Global, 2006.

SANTOS, M. As cidadanias mutiladas. In: CARDOSO, R. et al. *O preconceito*. São Paulo. Imesp, 1997.

Leituras recomendadas

BRASIL. Ministério do Desenvolvimento Social e Combate à Fome. Secretaria Nacional de Assistência Social. *Norma Operacional Básica NOB/SUAS:* construindo as bases para a implantação do sistema único de assistência social. 2005. Disponível em: <http://www.assistenciasocial.al.gov.br/sala-de-imprensa/arquivos/NOB-SUAS.pdf>. Acesso em: 16 out. 2018.

CONSELHO FEDERAL DE SERVIÇO SOCIAL. *Código de ética do/a Assistentes Sociais:* Lei 8662/93. Brasília: CFESS, 1993.

SILVA, D. N. *O que eram os Jesuítas?* 2008. Disponível em: <https://brasilescola.uol.com.br/o-que-e/historia/o-que-eram-os-jesuitas.htm>. Acesso em: 29 ago. 2018.

SOUSA, R. G. *Escravidão no Brasil*. 2008. Disponível em: <https://brasilescola.uol.com.br/historiab/escravidao-no-brasil.htm>. Acesso em: 29 ago. 2018.

Diversidade, movimentos sociais e políticas públicas

Objetivos de aprendizagem

Ao final deste texto, você deve apresentar os seguintes aprendizados:

- Reconhecer os movimentos sociais em seu movimento histórico.
- Relacionar a diversidade, os movimentos sociais e a constituição das políticas públicas.
- Analisar a implementação de políticas públicas para os diferentes segmentos populacionais no Brasil.

Introdução

Os movimentos sociais têm fluxos e refluxos na realidade, constituem um campo de ação social coletiva e também são partes importantes que estão diretamente ligadas com o Serviço Social. Em seus repertórios, esses movimentos constroem e demarcam interesses, identidades e projetos de grupos sociais específicos.

Com isso, neste capítulo, você identificará os movimentos sociais na história, como se estabeleceram, relacionará a diversidade e os movimentos sociais para as políticas públicas e, posteriormente, analisará a implementação de políticas públicas para os diferentes segmentos populacionais no Brasil.

Movimentos sociais

A temática dos movimentos sociais constituiu-se das grandes novidades da Sociologia Brasileira nos anos 1970 e 1980, sendo considerada a fonte de renovação na forma de fazer política. A intensidade dos movimentos sociais no Brasil na década de 1970 aumentou em razão à forte oposição ao regime militar que se encontrava em vigência. Após o golpe militar de 1964, deu-se início às lutas sociais de resistência à ditadura e ao autoritarismo estatal.

Os movimentos sociais são ações coletivas de caráter sociopolítico e cultural que viabilizam distintas formas de a população se organizar e expressar suas demandas. Essas formas adotam diferentes estratégias, que variam da simples denúncia, passando pela pressão direta — mobilizações, marchas, concentrações, passeatas, negociações — até as pressões indiretas.

Atualmente, os principais movimentos sociais atuam por meio de redes sociais, locais, regionais, nacionais e internacionais, e utilizam-se muitos dos meios de comunicação e informação, como a internet.

Historicamente, os movimentos sempre existiram, e acredita-se que sempre existirão, visto que eles representam forças sociais organizadas que agrupam as pessoas, não como força-tarefa, de ordem numérica, mas como campo de atividades e de experimentação social, atividades essas que são fontes geradoras de criatividade e inovações socioculturais.

Para o sociólogo francês Alain Touraine (1997), a semente dos movimentos sociais está no conflito entre classes e vontades políticas. Os movimentos sociais são o coração, o pulsar da sociedade. Para ele, os conflitos sociais estão enraizados em nossa forma de governo e em nosso Estado moderno, permeado por vontades individuais e pelas desigualdades sociais. Essa desigualdade, que fere os princípios de igualdade de um Estado democrático, torna-se um agente de segregação social, cultural e econômica, interferindo fatalmente nas formas de atuação civil daqueles afligidos por esse mal.

Essas energias sociais, antes dispersas, são canalizadas e potencializadas por meio de suas práticas em fazeres propositivos, porém não se deve esquecer que existem tipos de movimentos sociais conservadores, muitos deles fundamentados em xenofobias nacionalistas, religiosas, raciais, etc. Estes não querem as mudanças sociais emancipatórias, mas sim impor as mudanças segundo os seus interesses particulares por meio da força, utilizando a violência como estratégia principal em suas ações. A intolerância existe e tem estado presente em movimentos fanáticos/religiosos. Em movimentos nacionalistas, com suas ideologias não democráticas, geradoras de ódios raciais, atos de terrorismo e guerras, o terror é utilizado por seus seguidores fanáticos. São movimentos construídos a partir de práticas sectárias, destrutivas e de total negação à ordem social vigente. Os terroristas atuam segundo as regras e as ideologias das organizações secretas que os apoiam. Não são movimentos abertos à participação de qualquer cidadão, pois existem códigos, crenças, valores e ideologias específicos entre eles. Um exemplo clássico é o que ocorreu em 11 de setembro de 2001 nos Estados Unidos.

> **Fique atento**
>
> Tanto os movimentos sociais dos anos 1980 como os atuais têm construído representações simbólicas afirmativas por meio de discursos e práticas. Eles criam identidades para grupos antes dispersos e desorganizados e projetam em seus participantes sentimentos de pertencimento social. Aqueles que eram excluídos de algo passam a sentir-se incluídos em algum tipo de ação de um grupo ativo.

Ao final dos anos 80 e ao longo dos anos 90, o cenário sociopolítico transformou-se radicalmente. Houve um declínio das manifestações nas ruas, as quais conferiam visibilidade aos movimentos populares nas cidades. Alguns estudiosos acreditam que eles estavam em crise porque haviam perdido seu alvo inimigo principal — o regime militar. Na verdade, as causas da desmobilização são várias, mas um fato inegável é que os movimentos sociais dos anos 70 e 80 contribuíram decisivamente, via demandas e pressões organizadas, para a conquista de vários direitos sociais novos, os quais foram inscritos na Constituição de 1988.

As mulheres também se organizaram em grupos nos anos 1990 em função de sua atuação na política, criando redes de conscientização de seus direitos e frentes de lutas contra as discriminações. O então chamado movimento dos homossexuais também ganhou impulso por meio da realização de passeatas e atos de protestos. O mesmo ocorreu com o movimento afro-brasileiro, que deixou de ser quase que predominantemente movimento de manifestações culturais para ser também movimento de construção de identidade e luta contra a discriminação racial.

Entre os mais diversos movimentos que surgem com o passar dos dias, o panorama dos movimentos sociais no início deste século organiza-se ao redor de 10 eixos temáticos das lutas e demandas dos movimentos sociais:

1. lutas e conquistas por condições de habitualidade na cidade;
2. mobilização e organização popular em torno de estruturas político-administrativas das cidades — Orçamento Participativo e Conselhos Gestores;
3. mobilização e movimentos de recuperação de estruturas ambientais, como praças e parques, bem como de equipamentos e serviços coletivos na área da saúde, educação, lazer, etc.;
4. movimentos contra o desemprego;

5. movimentos de solidariedade e apoio a programas com meninos e meninas nas ruas, adolescentes que usam drogas, portadores do Vírus da Imunodeficiência Humana (HIV) e deficiência física;
6. movimento Sem Terra (MST);
7. movimentos étnicos raciais;
8. movimentos envolvendo questões de gênero;
9. movimentos pela luta da reforma agrária;
10. movimentos contra as políticas neoliberais e os efeitos da globalização.

Fique atento

Nos anos 90, surgiram novos movimentos populares que não tinham tanta presença nos anos 80, como a questão dos idosos e da violência. A expansão da violência urbana para os bairros nobres levou a população das áreas periféricas a desnaturalizar a questão, no sentido de ver e demandá-la como um problema também para eles, e não como algo inerente àqueles bairros. O que dificulta o trabalho desse movimento são os grupos e gangues organizados que controlam as regiões.

Movimentos sociais e políticas públicas

A partir de 1990, ocorreu o surgimento de outras formas de organização popular, mais institucionalizadas, como a constituição de Fóruns Nacionais de Luta pela Moradia, pela Reforma Urbana, Fórum Nacional de Participação Popular, entre outros. Os fóruns estabeleceram a prática de encontros nacionais em larga escala, gerando grandes diagnósticos dos problemas sociais e definindo metas e objetivos estratégicos para solucioná-los. Surgiram várias iniciativas de parceria entre a sociedade civil organizada e o poder público, impulsionadas por políticas estatais, como a experiência do Orçamento Participativo, a política da Renda Mínima, Bolsa-Escola, etc. Todos atuam em questões que dizem respeito à participação dos cidadãos na gestão dos negócios públicos. A criação de uma Central dos Movimentos Populares foi outro fato marcante nos anos 90 no plano organizativo. Ela estruturou vários movimentos populares em nível nacional, tais como a luta pela moradia, bem como buscou fazer uma articulação e criou colaborações entre diferentes tipos de movimentos sociais populares e não populares.

O Ética na Política foi um movimento ocorrido no início dos anos 90 e teve uma grande importância histórica, uma vez que contribuiu, decisivamente, para a deposição, via processo democrático, de um presidente da República por atos de corrupção — fato até então inédito no país. Escândalos de corrupção envolvendo o governo Collor, como o "esquema Collor-PC", em que foram apontadas irregularidades financeiras, tráfico de influências, existência de contas bancárias fantasmas, em uma rede de corrupção que era comandada pelo ex-tesoureiro da campanha presidencial, Paulo César Farias. Ele seria responsável por receber altas somas de dinheiros de grandes empresários para liberar verbas para o governo e para o pagamento de despesas pessoais do então presidente. Esse movimento contribuiu também, na época, para um ressurgimento do movimento dos estudantes, com novo perfil de atuação, os chamados "cara-pintadas", assim denominado pelo fato de os jovens pintarem o rosto com as cores da bandeira nacional em forma de protesto contra a falta de ética na política.

À medida que as políticas neoliberais avançaram, foram surgindo outros movimentos sociais, como os contra as reformas estatais e a Ação da Cidadania contra a Fome. As lutas de algumas categorias profissionais emergiram no contexto de crescimento da economia informal. Algumas dessas ações coletivas surgiram como respostas à crise socioeconômica, atuando mais como grupos de pressão do que como movimentos sociais estruturados. Os atos e manifestações pela paz, contra a violência urbana, são exemplos dessa categoria. Para Gohn (2010), se antes a paz era um contraponto à guerra, hoje ela é almejada como necessidade ao cidadão comum, em seu cotidiano, principalmente nas ruas, enquanto motoristas vítimas de assaltos relâmpagos, sequestros e mortes.

Em termos de classificação, podemos dividir os movimentos sociais nos seguintes.

- Movimentos reivindicatórios: os quais focam sua ação em exigências de questões imediatas. Utilizam-se da pressão pública para pressionar instituições que possam modificar os dispositivos legais que possam lhes favorecer.
- Movimentos políticos: os quais buscam influenciar a população na participação política direta enquanto garantia para transformações estruturais na sociedade.
- Movimentos de classe: os quais buscam subverter a ordem social e, consequentemente, alterar as relações entre distintos fatores na conjuntura nacional.

Nesse período, cada movimento social foi forjando sua identidade, suas formas de atuação, suas pautas de reivindicações, seus valores e seus discursos, que os caracterizavam e diferenciavam de outros. Deve-se destacar três movimentos sociais importantes no Brasil nos anos 1990: dos indígenas, dos funcionários públicos — principalmente das áreas da educação e da saúde — e dos ecologistas. Os primeiros cresceram em número e em organização nesta década; eles passaram a lutar pela demarcação de suas terras e pela venda de seus produtos a preços justos e em mercados competitivos. Os segundos organizaram-se em associações e sindicatos contra as reformas governamentais que, progressivamente, retiram direitos sociais, reestruturam as profissões e arrocham salários em nome das necessidades dos ajustes fiscais. Os terceiros, dos ecologistas, proliferam após a conferência Eco 92, dando origem a inúmeras Organizações Não Governamentais (ONGs).

Nesse período, as ONGs passaram a ter muito mais importância nos anos 90 do que os próprios movimentos sociais. Atualmente, as ONGs estão classificadas como Terceiro Setor, sendo voltadas para a execução de políticas de parceria entre o poder público e a sociedade, atuando em áreas em que a prestação de serviços sociais é carente e até mesmo ausente.

Ainda há um movimento difuso, mas que está crescendo bastante: o movimento contra a violência urbana, sobretudo nos grandes centros urbanos. O movimento pelos Direitos Humanos teve um papel importante desde a luta pela anistia, nos anos 1970 e 1980, mas, atualmente, destaca-se pelas características e pelo panorama da sociedade brasileira atual, pelos fatos e acontecimentos recentes na sua conjuntura, uma vez que movimento contra a violência nas cidades ganhou força. O esforço das políticas públicas para erradicar a violência urbana é muito forte, porém, infelizmente, a violência tomou uma proporção tão gigantesca que o movimento está sendo organizado nos bairros e cada vez mais representam o clamor da Sociedade Civil na área da segurança pública, em busca de proteção à vida do cidadão no cotidiano.

Os movimentos contra a violência são focalizados. Para Gohn (2010), eles têm um caráter diferente, partem de grupos e ações locais, motivados por perdas de entes queridos, e, assim, passam a criar redes, mobilizando as associações comunitárias nos bairros. O movimento contra a violência urbana tem organizado passeatas, manifestações de rua, etc., com o apoio do movimento estudantil, que entra e sai muitas vezes de cena, mas sempre aparece para lutar por causas em que acredita.

> **Fique atento**
>
> Os movimentos sociais estão diretamente ligados à resolução de problemas sociais e não à reivindicação de posses materiais. No entanto, eles não se resumem apenas à reivindicação de direitos ou à demanda pela representação de um grupo, pois um movimento pode surgir como agente construtor de uma proposta de reorganização social para mudar um ou outro aspecto de uma sociedade.

Implementação de políticas públicas

Não existe uma única definição sobre o que seja política pública. Políticas públicas são um conjunto de ações do governo que produzirão efeitos específicos. Política pública é uma ação ou omissão do governo associada a metas, recursos e regulamentos visando a lidar com problemas públicos.

O fim da década de 60 e o início da década de 70 pode ser caracterizado como o período em que houve grande preocupação a respeito da efetividade das políticas públicas e da governança, a fim de melhorar os processos de tomada de decisão e a coordenação da política, bem como a gestão e a prestação de serviços públicos.

As políticas públicas são uma resposta do Estado, com a participação, direta ou indireta, de entes públicos ou privados, em prol das necessidades do coletivo, que, por meio do desenvolvimento de ações e programas, objetiva o bem-comum e a diminuição da desigualdade social para vários grupos da sociedade ou para determinado segmento social, cultural, étnico ou econômico. Esses programas e ações precisam ser estruturados de maneira funcional e sequencial, a fim de tornar possível a produção e a organização do projeto.

Além disso, devemos ter atenção ao fato de que o conceito de políticas públicas pode possuir dois sentidos diferentes. No sentido político, encara-se a política pública como um processo de decisão, em que há, naturalmente, conflitos de interesses. Por meio das políticas públicas, o governo decide o que fazer ou não fazer. O segundo sentido se dá do ponto de vista administrativo: as políticas públicas são um conjunto de projetos, programas e atividades realizadas pelo governo.

As políticas públicas traduzem, no seu processo de elaboração e implantação — mas, sobretudo, em seus resultados — formas de exercício do poder político, envolvendo a distribuição e a redistribuição de poder e de recursos. Elas sistematizam o papel das tensões e do conflito social nos processos de decisão e na partição e repartição de custos e benefícios sociais. Por sua vez, as políticas públicas visam a responder a demandas, principalmente de grupos sociais excluídos, setores marginalizados, esferas pouco organizadas e segmentos mais vulneráveis, onde se encontram as mulheres. As demandas desses grupos, no geral, são recebidas e interpretadas por pessoas que ocupam os espaços de decisão e que estão no poder — sem dúvida, influenciadas por uma agenda que se cria na sociedade civil através de pressão e mobilização social. Em geral, visam a ampliar e efetivar direitos de cidadania, também gestados nas lutas sociais, que passam a ser reconhecidos institucionalmente.

Historicamente, para a efetividade das políticas públicas, são criados conselhos regulamentados na Constituição Federal, em particular os artigos 198, 204 e 206, e leis específicas, como a Lei Orgânica da Saúde (LOS), o Estatuto da Criança e do Adolescente (ECA), a Lei Orgânica da Assistência Social (LOAS) e o Estatuto das Cidades, que deram origem à criação de conselhos de políticas públicas no âmbito da saúde, da assistência social e da educação nos três níveis de governo. Eles são frutos das lutas sociais, que foram organizadas pelos segmentos da sociedade civil em busca por seus direitos. Nessa luta, é imprescindível a importância dos movimentos sociais, pois, via de regra, para que os conselhos possam funcionar, eles precisam atender ao princípio da igualdade e devem se articular juntamente com o poder público, no sentido de contribuir com o processo da deliberação das políticas públicas.

Uma questão muito importante que podemos apresentar aqui são as políticas públicas voltadas para as mulheres. O movimento feminista é um movimento social, político e cultural que questiona, da ótica social, exploração, da perspectiva política, opressão, e, pelo viés cultural, a discriminação, envolvendo diversos movimentos e teorias, em um longo e lento processo de transformação social, econômica, política, ideológica e cultural da sociedade, estruturada pelo sistema patriarcal, onde se encontram direitos e deveres diferentes para homens e mulheres. O patriarcado é um fenômeno social na história humana, sendo um sistema integrado à vida em sociedade de maneira difusa, com intensidade de manifestações que varia de acordo com a cultura de cada país.

> **Fique atento**
>
> Para Muraro (2000), o patriarcado é, hoje, uma realidade tão bem-sucedida que muitos não conseguem pensar na organização da vida humana de maneira diferente da patriarcal, na qual o macho domina por direito e de fato. Essa ideologia patriarcal motivou a imposição de uma suposta superioridade do homem sobre a mulher, alterando as relações de gênero. Tornou-as desiguais, legitimando a violência e a opressão, não só contra a mulher, mas também contra as minorias (i.e., grupos de uma sociedade que não participam integralmente da vida social).

As políticas públicas voltadas para as mulheres passaram a ser orientadas pelo Plano Nacional de Políticas para as Mulheres (PNPM), e são desdobradas pelos organismos governamentais de políticas para as mulheres — estaduais e municipais. Essas políticas buscam impulsionar as políticas de igualdade, influenciando e contribuindo com as agendas das políticas nacionais. Tiveram seu início na luta para combater a violência contra a mulher por meio da criação de delegacias de defesa para as mulheres e, com o passar do tempo, outras propostas e reivindicações.

Neste mesmo viés, podemos destacar as políticas públicas voltadas para as pessoas com deficiência, com os avanços buscados nos últimos anos com a participação popular e do diálogo democrático estabelecido entre sociedade e governo. Não se pode esquecer que o exercício de ações políticas e econômicas deve ter, como fundamento primordial, a garantia da universalização de políticas sociais e o respeito às diversidades, sejam elas de raça, religião, gênero, deficiência, econômica, ou de qualquer outra natureza. Deve-se garantir e ampliar a participação popular acerca das decisões governamentais na determinação de quais políticas públicas serão adotadas.

Com isso, gerou-se a necessidade de reavaliar as políticas públicas que são desenvolvidas para esse segmento da sociedade, a fim de permitir o protagonismo das pessoas com deficiência no campo público, pois as medidas tomadas apenas com o intuito de fazer caridade e com escopo assistencialista estão ultrapassadas. Os espaços públicos de uso coletivo não podem ser excludentes, deve-se garantir a acessibilidade ao meio físico, ao transporte, à comunicação, à educação e à informação, sem exceção, possibilitando aos deficientes que usufruam de seus direitos em equiparação de oportunidades.

As políticas públicas para todos os segmentos da sociedade (grupos de mulheres, estudantes, jovens, idosos, indígenas, quilombolas, pessoas com deficiência, pessoas carentes entre tantos outros grupos que podem ser citados) são ações importantes que buscam assegurar os direitos de cidadania, visto que as políticas públicas correspondem a direitos assegurados constitucionalmente ou que se afirmam graças ao reconhecimento por parte da sociedade e/ou pelos poderes públicos enquanto novos direitos das pessoas e comunidades, entre outros.

Referências

GOHN, M. da G. *Movimentos sociais no início do século XXI*. Petrópolis: Vozes, 2010.

MURARO, R. M. *A mulher no terceiro milênio:* uma história da mulher por meio dos tempos e suas perspectivas para o futuro. Rio de Janeiro: Rosa dos Tempos, 2000.

TOURAINE, A. *Iguais e diferente:* podemos viver juntos? Rio de Janeiro: Vozes, 1997.

Leituras recomendadas

BRASIL. *Avanços das políticas públicas para as pessoas com deficiência:* uma análise a partir das conferências nacionais. Brasília: [s.n.], 2012. Disponível em: <https://www.pessoacomdeficiencia.gov.br/app/sites/default/files/publicacoes/livro-avancos-politicas--publicas-pcd.pdf>. Acesso em: 27 nov. 2018.

BRASIL. Constituição da República Federativa do Brasil de 1988. Diário Oficial da União, Brasília, DF, 1988. Disponível em: <http://www.planalto.gov.br/ccivil_03/Constituicao/Constituicao.htm>. Acesso em: 27 nov. 2018.

BRASIL. *Lei nº. 8.069, de 13 de julho de 1990*. Dispõe sobre o Estatuto da Criança e do Adolescente e dá outras providências. 1990. Disponível em: <http://www.planalto.gov.br/ccivil_03/LEIS/L8069.htm>. Acesso em: 27 nov. 2018.

BRASIL. *Lei nº. 8.080, de 19 de setembro de 1990*. Dispõe sobre as condições para a promoção, proteção e recuperação da saúde, a organização e o funcionamento dos serviços correspondentes e dá outras providências. 1990. Disponível em: <http://www.planalto.gov.br/ccivil_03/leis/L8080.htm>. Acesso em: 27 nov. 2018.

BRASIL. *Lei nº. 8.742, de 7 de dezembro de 1993*. Dispõe sobre a organização da Assistência Social e dá outras providências. 1993. Disponível em: <http://www.planalto.gov.br/ccivil_03/LEIS/L8742.htm>. Acesso em: 27 nov. 2018.

BRASIL. *Políticas públicas para as mulheres*. 2012. Disponível em: <http://www.spm.gov.br/central-de-conteudos/publicacoes/publicacoes/2012/politicas_publicas_mulheres>. Acesso em: 27 nov. 2018.

GONÇALVES, S. H. S. *Políticas públicas para as mulheres:* conquistas e desafios. 2017. Disponível em: <https://www.webartigos.com/artigos/politicas-publicas-para-as--mulheres-conquistas-e-desafios/153901>. Acesso em: 27 nov. 2018.

Combate ao racismo e à discriminação

Objetivos de aprendizagem

Ao final deste texto, você deve apresentar os seguintes aprendizados:

- Reconhecer as transformações em torno do conceito de raça e a sua relação com a classificação de grupos humanos.
- Identificar formas de racismo presentes nos dados das pesquisas sobre violência, educação e mercado de trabalho.
- Descrever as duas correntes abordadas por Moreira (2016a, 2016b) que debatem em torno da questão das cotas raciais.

Introdução

Um dos significados encontrados para o termo "racismo" diz respeito ao preconceito e à discriminação direcionada a quem tem uma raça ou etnia diferente daquela dominante. Além disso, o racismo é visto como um sistema doutrinário ou político que afirma a superioridade de um grupo racial em detrimento de outros.

Neste capítulo, você vai ver que o conceito de raça é construído em torno das ciências naturais e da biologia, mas que muda de significado, passando a ser utilizado como um mecanismo de classificação de grupos humanos com base na diferenciação da cor da pele, servindo como forma de legitimação para sistemas racistas.

Raça: da biologia à política

Etimologicamente, a palavra "raça" provém do termo italiano *razza*, que, por sua vez, deriva do latim *ratio*, que significa categoria, espécie. Na história das ciências naturais, "raça" era empregada na zoologia e na botânica como forma de classificar as espécies animais e vegetais.

Segundo Munanga (2003), no latim medieval, "[...] o conceito de raça passou a designar a descendência, a linhagem, ou seja, um grupo de pessoas que têm um ancestral comum e que, *ipso facto*, possuem algumas características físicas em comum" (MUNANGA, 2003, documento on-line). O autor relata que, nos séculos XVI e XVII, o conceito de raça passou a ser utilizado nas relações entre classes sociais da França da época. Tratava-se de um termo utilizado pela nobreza local que se identificava com os francos, de origem germânica, em oposição aos gauleses — população local, ou seja, identificada como a plebe. Munanga (2003) assinala que foi em 1684 que o antropólogo e médico francês François Bernier empregou o termo "raça" no sentido moderno da palavra para classificar a diversidade humana em grupos fisicamente contrastados.

A partir da época moderna, alguns filósofos contestaram o monopólio do conhecimento provindo das mãos da Igreja — que, até o século XVII, detinha o saber com base nas Escrituras e na teologia, assim como a explicação sobre a humanidade e sua origem. Nessa perspectiva, os filósofos:

> [...] lançam mão do conceito de raça já existente nas ciências naturais para nomear esses outros que se integram à antiga humanidade como raças diferentes, abrindo o caminho ao nascimento de uma nova disciplina chamada História Natural da Humanidade, transformada mais tarde em Biologia e Antropologia Física (MUNANGA, 2003, documento on-line).

No século XVIII, o critério fundamental que passou a ser utilizado para distinguir as raças humanas foi a cor da pele. De acordo com Munanga (2003, documento on-line), "[...] a espécie humana ficou dividida em três raças estancas que resistem até hoje no imaginário coletivo e na terminologia científica: raça branca, negra e amarela". Enfatizando essa ideia, Barros (2009, p. 10) aponta que, em termos biológicos, "[...] a cor da pele é determinada pela quantidade e tipo do pigmento melanina presente na derme e que sua variação é controlada por apenas quatro a seis genes".

Do ponto de vista genético, Munanga (2003, documento on-line) salienta que "[...] apenas menos de 1% dos genes que constituem o patrimônio genético de um indivíduo são implicados na transmissão da cor da pele, dos olhos e cabelos". Nesse sentido, o autor destaca que um grupo de negros da África e um grupo de autóctones da Austrália têm pele escura por causa da concentração da melanina, mas que nem por isso são geneticamente parentes próximos. Da mesma maneira, os pigmeus da África e da Ásia não constituem o mesmo grupo biológico, apesar da pequena estatura que têm em comum.

Com o progresso das pesquisas em genética humana, já no século XX, descobriu-se que havia critérios químicos no sangue mais determinantes para consagrar a divisão da humanidade em raças estancas. O antropólogo Munanga argumenta que (2003 documento on-line):

> [...] o cruzamento de todos os critérios possíveis (o critério da cor da pele, os critérios morfológicos e químicos) deu origem a dezenas de raças, sub-raças e sub-sub-raças. As pesquisas comparativas levaram também à conclusão de que os patrimônios genéticos de dois indivíduos pertencentes a uma mesma raça podem ser mais distantes que os pertencentes a raças diferentes; um marcador genético característico de uma raça pode, embora com menos incidência, ser encontrado em outra raça.

Raça como forma de classificar os grupos humanos

Segundo Munanga (2003), essa classificação da humanidade em raças hierarquizadas desembocou em uma teoria pseudocientífica — a **raciologia**, que ganhou espaço no século XX. Tal saber desenvolvido pela raciologia serviu para legitimar e justificar os sistemas de dominação racial. Os estudos da genética e a teoria da evolução foram importantes para ressaltar que as diferenças humanas são relativas no que atenta uma definição do ser humano.

Na obra *A evolução das espécies*, de 1859, Darwin, além de contestar o argumento metafísico que explicava a variação das espécies e da diversidade humana, levou a público a sua teoria da evolução. Darwin defendeu que a evolução se deu pela adaptação aos diversos meios, e estes passaram a condicionar a existência das espécies. Dessa maneira, a evolução gradativa que se diversificou no espaço e no tempo foi uma adaptação aos meios hostis, diversos e em perpétua transformação.

> Foi o elemento responsável pela variação dos caracteres genéticos, fisiológicos, morfológicos e comportamentais hoje observados, tanto entre as populações vegetais e animais como humanas, correspondem em grande medida a um fenômeno adaptativo (MUNANGA, 2003, documento on-line).

Para que as diferenças humanas fossem percebidas em um viés em que determinados indivíduos são bem vistos, enquanto outros são mal vistos (a partir de um traço que os caracterize), foi necessário que funcionasse uma racionalidade de poder que se utilizou do discurso científico para legitimar a dominação de um grupo por outro. Quadrado (2016) sugere que no Brasil, onde a raça foi denominada pela cor, esse discurso tomou voz, sobretudo no século XIX, momento em que o conceito de raça tomou um caráter científico, e a teoria do branqueamento da sociedade foi ganhando espaço.

A teoria do branqueamento tem caráter racista e defendia que a raça branca era superior em relação às outras: "Entre os séculos XIX e XX, teve-se a construção de um Brasil sobre o ideal de branqueamento da sociedade, em que se utilizou da política de imigração europeia, aplicada intensivamente no Rio Grande do Sul" (QUADRADO, 2016, documento on-line). A autora salienta que a visão do **colorismo** predominou em sociedades racistas pós-coloniais, na qual há um privilégio da pele clara em detrimento da escura, fazendo com que a discriminação se dê pela cor da pele (QUADRADO, 2016). Nessas relações em que alguns grupos sociais são estigmatizados, excluídos ou dominados, há estratégias racistas que impedem que certas populações — como as ameríndias, a negra, ou de outra ordem — ocupem o mesmo espaço que os grupos sociais brancos.

Racismo: um sistema de poder

O racismo está presente no cotidiano da sociedade de diversas formas, manifestando-se em diferentes espaços. Na concepção do pesquisador e professor de Direito Adilson José Moreira, entende-se por racismo uma série de estratégias de dominação utilizada pelos membros de um grupo racial dominante para atingir dois objetivos básicos (MOREIRA, 2016a):

- manter o *status* privilegiado desse grupo;
- manter os grupos minoritários numa situação subalterna.

Portanto, o racismo é um sistema de poder que funciona na óptica da dominação, inserido na sociedade, excluindo certas populações e mantendo um grupo de pessoas em posição social privilegiada.

Segundo Moreira (2016a), o racismo se apresenta sob um aspecto dinâmico de diferentes formas e em diferentes sociedades. É uma prática coletiva que se manifesta no cotidiano da vida, esfera em que os indivíduos se relacionam, mas também está presente na cultura das instituições brasileiras. Tanto no comportamento individual quanto nas instituições, as práticas racistas aparecem por meio do tratamento discriminatório sofrido por determinados grupos, como negros, ameríndios e homossexuais.

Saiba mais

O Brasil foi o último país a abolir a escravidão. No dia 13 de maio de 1888, a princesa Isabel assinou a Lei Áurea e, a partir dessa data, se supõe que todos os negros brasileiros, ao passarem para a condição de cidadãos brasileiros, poderiam acessar tal condição da mesma forma que a população não negra. No que se refere à lei, é fato que o sistema de escravidão foi abolido, porém, a situação social da população negra, no que tange à igualdade em relação à população não negra, ainda é um desafio.

Racismo no Brasil

A Pesquisa de Emprego e Desemprego na Região Metropolitana de Porto Alegre (PED-RMPA), no Rio Grande do Sul, existe há 25 anos, na Fundação de Economia e Estatística. Pelos dados resultantes das pesquisas realizadas, constatou-se que há uma diferença entre a pessoa negra e a não negra em relação ao mercado de trabalho. Nos anos de 2014 e 2015, o problema do desemprego na região metropolitana de Porto Alegre apareceu na pesquisa da seguinte forma: a taxa de desemprego entre os negros era mais elevada em relação aos não negros. Isso pode ser constatado na Figura 1.

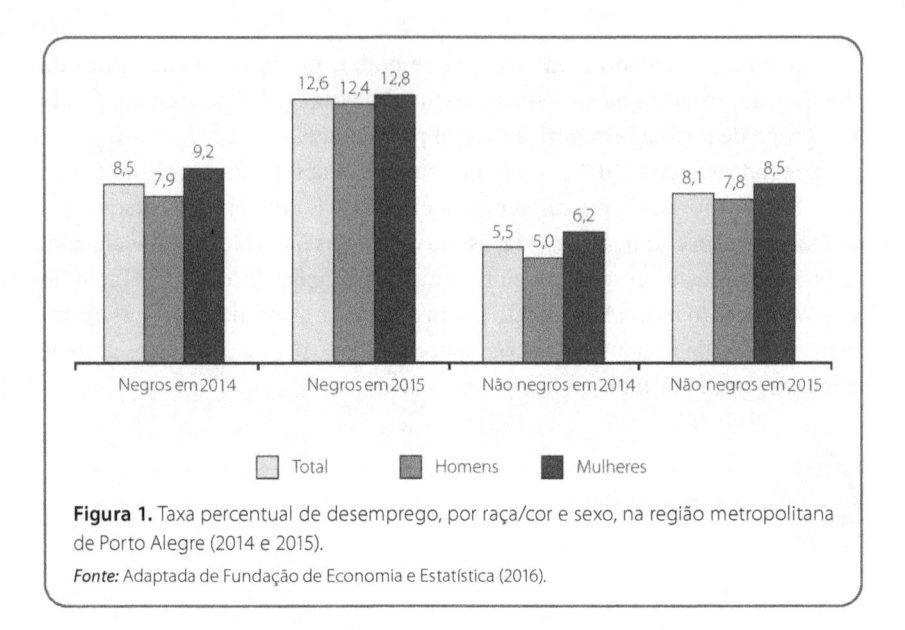

Figura 1. Taxa percentual de desemprego, por raça/cor e sexo, na região metropolitana de Porto Alegre (2014 e 2015).
Fonte: Adaptada de Fundação de Economia e Estatística (2016).

Dados da figura:
- Negros em 2014: Total 8,5; Homens 7,9; Mulheres 9,2
- Negros em 2015: Total 12,6; Homens 12,4; Mulheres 12,8
- Não negros em 2014: Total 5,5; Homens 5,0; Mulheres 6,2
- Não negros em 2015: Total 8,1; Homens 7,8; Mulheres 8,5

No que se refere ao gênero, também pode ser percebido que existe uma desigualdade entre mulheres e homens. De acordo com a mesma pesquisa, em 2014, a taxa de desemprego da mulher negra era de 9,2% e, em 2015, aumentou para 12,8% da respectiva população economicamente ativa; a taxa de desemprego do homem negro, que era de 7,9%, elevou-se para 12,4%. Entre os não negros, nessa mesma base comparativa, a taxa de desemprego das mulheres evidenciou aumento de 6,2 para 8,5%, e a dos homens passou de 5 para 7,8% (FUNDAÇÃO DE ECONOMIA E ESTATÍSTICA, 2016).

A educação é outro aspecto da sociedade brasileira no qual o racismo se revela. A desigualdade existente entre as populações que têm acesso à educação — seja em nível básico, médio ou superior — também é um fato que demonstra o caráter racista-excludente e ocasiona outros problemas sociais.

Nesse sentido, Almeida (2016) aponta, através das pesquisas realizadas pelo IBGE em 1997, que apenas 9,6% dos brancos e 2,2% negros, de 25 anos ou mais, tinham concluído a universidade. Em 2007, esses percentuais eram de 13,4 e 4%, respectivamente. De acordo com a pesquisa, a taxa de frequência em curso universitário para estudantes entre 18 e 25 anos na população branca (19,4%) era quase o triplo da registrada na negra (6,8%). Esse déficit de escolaridade, conforme conclui Almeida (2016), ajuda a compreender por que a diferença de renda entre brancos e negros chega a até 50% a favor dos brancos. Em outra pesquisa realizada pelo IBGE, em 2014, sobre a análise das condições de vida dos brasileiros, a população de 20 a 22 anos que se diz negra ou parda e que concluiu o ensino médio ou nível superior, também aparece em desvantagem em relação à população branca, como pode ser visto na Figura 2.

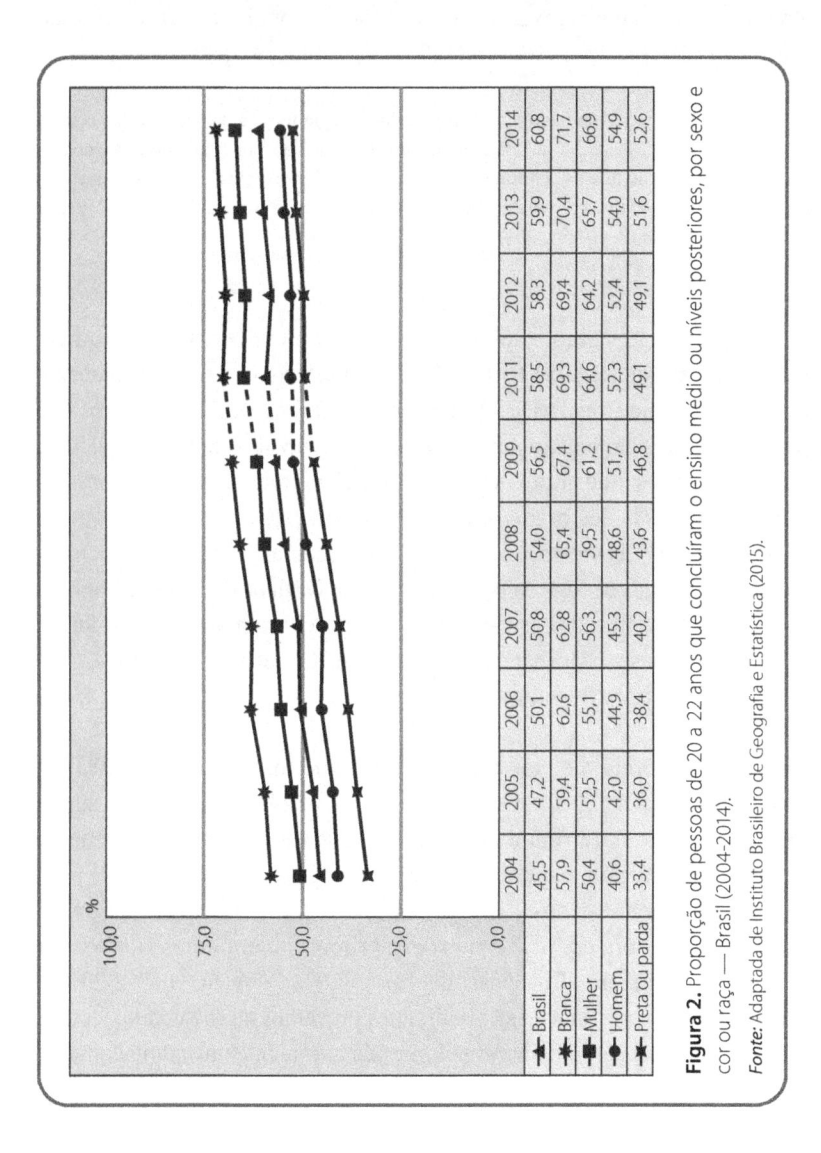

	2004	2005	2006	2007	2008	2009	2011	2012	2013	2014
Brasil	45,5	47,2	50,1	50,8	54,0	56,5	58,5	58,3	59,9	60,8
Branca	57,9	59,4	62,6	62,8	65,4	67,4	69,3	69,4	70,4	71,7
Mulher	50,4	52,5	55,1	56,3	59,5	61,2	64,6	64,2	65,7	66,9
Homem	40,6	42,0	44,9	45,3	48,6	51,7	52,3	52,4	54,0	54,9
Preta ou parda	33,4	36,0	38,4	40,2	43,6	46,8	49,1	49,1	51,6	52,6

Figura 2. Proporção de pessoas de 20 a 22 anos que concluíram o ensino médio ou níveis posteriores, por sexo e cor ou raça — Brasil (2004-2014).

Fonte: Adaptada de Instituto Brasileiro de Geografia e Estatística (2015).

Outro aspecto que mostra desigualdade entre a população negra e a não negra é a segurança e violência. A segurança pública, conforme assinalam Oliveira Junior e Lima (2011), "é uma das esferas da ação estatal em que a seletividade racial se torna mais patente". Os autores explicam que a desigualdade é explicitada pelas maiores taxas de vitimização da população negra. Citando uma pesquisa realizada por Adorno (1996), eles colocam que:

> [...] apesar de não existirem indícios de que negros cometam mais crimes do que brancos, há a tendência de sofrerem maior coerção por parte do sistema de justiça criminal, seja por uma vigilância mais incisiva por parte da polícia, seja por uma probabilidade maior de sofrerem punição (OLIVEIRA JUNIOR; LIMA, 2011, p. 21).

Em contraponto, os autores citam uma pesquisa realizada em 2010 pelo IBGE, a Pesquisa Nacional de Vitimização (Características da vitimização e do acesso à justiça no Brasil). De acordo com a pesquisa, 6,5% dos negros que sofreram uma agressão no ano anterior tiveram como agressores policiais ou seguranças privados (que muitas vezes são policiais trabalhando nos horários de folga), contra 3,7% dos brancos (OLIVEIRA JUNIOR; LIMA, 2011).

Ainda no aspecto da violência, outro fator que chama atenção é o número de assassinatos por armas de fogo na população negra. O Mapa da Violência aponta que, no Brasil, "[...] em todas as categorias de raça/cor, o homicídio é a forma preponderante e quase exclusiva de utilização das AF [armas de fogo]: 42.291 das 44.861 mortes por AF foram homicídios (94,3%)" (WAISELFISZ, 2016, documento on-line).

Dos casos de homicídio com o uso de armas de fogo no ano de 2003, de acordo com Waiselfisz (2016), foram cometidos 13.224 na população branca; em 2014, esse número diminuiu para 9.766, o que representa uma queda de 26,1%. Em contrapartida, o número de vítimas negras passou de 20.291 para 29.813 — um aumento de 46,9%. O autor salienta a vitimização negra no País, que, em 2003, era de 71,7% (morrem, proporcionalmente, 71,7% mais negros que brancos); em 2014, passou a ser 158,9% (WAISELFISZ, 2016).

O racismo e a discriminação são realidades presentes na sociedade. Ambas ofendem princípios da igualdade e da dignidade humana. Houve uma construção social para que as diferenças sociais fossem percebidas como estigmas. Criaram-se estratégias, formas de legitimação para que certas populações fossem controladas. Existem ainda estratégias racistas que exercem controle populacional, mantendo certos grupos em condições privilegiadas, enquanto outros se encontram em condição subalterna. A segurança/violência, a educação e o mercado de trabalho são espaços onde aparece uma reprodução social que pode ser entendida como um projeto racial. Um dos desafios da atualidade é: como criar medidas que previnam a discriminação na sociedade?

Algumas tentativas foram criadas como estratégias para fazer com que a distância entre grupos sociais seja encurtada. Algumas medidas foram tomadas para fazer com que ocorra uma transformação nos espaços sociais. Através das cotas raciais, houve um debate em torno do problema do racismo na sociedade brasileira, situação que perpassa o cotidiano das relações, mas que também é institucional. Diante dessa realidade, o Direito desempenha uma importante função, visto que é em torno dessa esfera que, de acordo com Moreira (2016a, 2016b), a democratização da sociedade pode encontrar possibilidades através de ações afirmativas.

As correntes abordadas por Moreira

O problema apresentado por Moreira se dá em relação ao enfrentamento de duas correntes narrativas que conflitam em torno do problema das cotas. "De um lado temos uma narrativa desenvolvida por acadêmicos e juristas baseada na ideia de que essa medida representa uma grave ameaça à ordem social porque promove a racialização do povo brasileiro [...]" (MOREIRA, 2016b, documento on-line). Para esse grupo, salienta Moreira (2016b), "[...] os programas de ações afirmativas, além de violarem o princípio da igualdade, geram a fragmentação social porque disseminam a percepção de que as pessoas podem ser classificadas segundo critérios raciais". Nessa visão, pressupõe-se que há igualdade de oportunidades entre as pessoas na sociedade brasileira, qualquer que seja a cor, etnia, raça ou o pertencimento a algum grupo social. Assim, pode-se entender a teoria da democracia racial defendida por muitos teóricos. De acordo com esse conceito, o Brasil é um país onde as raças confluem de forma ordeira.

Kern (2012, documento on-line), ao explicar o conceito de democracia racial, afirma que, com esse conceito, busca-se sugerir que "[...] predominariam relações raciais harmônicas, onde o preconceito racial seria praticamente inexistente". No entanto, se tomarmos a história dos clubes sociais negros, por exemplo, descobriremos que sua construção se deu, muitas vezes, devido ao fato de a população negra não poder frequentar clubes sociais tradicionais. Portanto, uma prática segregacionista que funcionou até pouco tempo no Brasil, que separava brancos de não brancos, o que contradiz o discurso da miscigenação da sociedade brasileira que defende que não há racismo.

Aponta Moreira (2016b) que há também um grupo que busca a promoção e a integração de minorias através de políticas públicas. "Ela está centrada na premissa de que a igualdade constitucional tem uma função transformadora, perspectiva que reconhece a relação entre o respeito pelo pluralismo e a defesa da justiça social" (MOREIRA, 2016b, documento on-line). Quem adere a essa narrativa, afirma o autor, argumenta que "raça" é uma construção social com consequências concretas na vida das pessoas: ela legitima diversas formas de exclusão que atuam conjuntamente para promover a estratificação racial, pois serve como parâmetro para a ação arbitrária de agentes públicos e privados (MOREIRA 2016b).

Saiba mais

A primeira lei criada no Brasil que visava a condenar a prática do racismo foi a Lei nº. 1.390, de 3 de julho de 1951, sancionada pelo então presidente Getúlio Vargas. Era mais conhecida como Lei Afonso Arinos.

A Lei nº. 1.390/1951 teve por principal inspiração o fato ocorrido em 1950 com a dançarina negra norte-americana Katherine Dunham, que foi impedida de se hospedar no Hotel Esplanada. A repercussão do fato foi tomada como um escândalo no Brasil e no exterior. A companhia de dança "Katherine Dunham Company" era composta por negros e especializada em danças folclóricas, de origem negra e da antiguidade em geral. Foi ela quem abriu o caminho para as danças negras na Broadway, tendo também coreografado e dançado em Hollywood. Quando veio ao Brasil para uma temporada com sua companhia, foi proibida de se hospedar no Hotel Esplanada, localizado em São Paulo, que não aceitava negros (MARTINS, 2013).

Embora esse caso tenha sido um fator decisivo para a criação da Lei 1.390/51, houve um caso que envolveu o então deputado mineiro Afonso Arinos e seu motorista. Em 1950, Arinos apresentou no Congresso Nacional o projeto de lei que transformava o racismo em contravenção penal. O deputado foi motivado pela discriminação sofrida pelo seu motorista particular, negro, que era casado com uma catarinense de descendência alemã e que foi proibido de entrar em uma confeitaria no Rio de Janeiro acompanhando a mulher e os filhos, devido à proibição imposta pelo proprietário (MARTINS, 2013).

No Rio Grande do Sul, os clubes sociais negros representam o símbolo de resistência de uma população à qual era negada a entrada nos clubes sociais tradicionais. A população negra se viu forçada a fundar clubes como uma forma de criar espaços para o lazer, a cultura e a diversão.

Referências

ADORNO, S. Racismo, criminalidade violenta e justiça penal: réus brancos e negros em perspectiva comparativa. *Revista Estudos Históricos*, Rio de Janeiro, nº. 18, 1996. Disponível em: <www.nevusp.org/downloads/down179.pdf>. Acesso em: 25 jan. 2019.

ALMEIDA, S. L. *O acesso à universidade e a emancipação dos afrobrasileiros.* [2016]. Disponível em: <http://www.iela.ufsc.br/noticia/uma-analise-materialista-do-racismo>. Acesso em: 25 jan. 2019.

BARROS, J. D. A. *A construção social da cor:* diferença e desigualdade na formação da sociedade brasileira. Petrópolis: Vozes, 2009.

FUNDAÇÃO DE ECONOMIA E ESTATÍSTICA. A inserção dos negros no mercado de trabalho da região metropolitana de Porto Alegre em 2015. *Informe PED-RMPA*, Porto Alegre, ano 24, nov. 2016. Disponível em: <https://www.dieese.org.br/analiseped/2016/2016pednegrospoa.pdf>. Acesso em: 25 jan. 2019.

INSTITUTO BRASILEIRO DE GEOGRAFIA E ESTATÍSTICA. *Síntese de indicadores sociais*: uma análise das condições de vida da população brasileira 2015. Rio de Janeiro: IBGE, 2015. Disponível em: <https://ndonline.com.br/files/images/2015/12/04-12-2015-02-58-43-pesquisa-ibge.pdf>. Acesso em: 25 jan. 2019.

OLIVEIRA JUNIOR, A. LIMA, V. C. de A. segurança pública e racismo institucional. *Boletim de Análise Político-Institucional*, Brasília, nº. 1, 2011.

KERN, G. da S. *Ações afirmativas e educação*: um estudo genealógico sobre as relações raciais no Brasil. 2012. Dissertação (Mestrado em Educação) — Universidade Federal do Rio Grande do Sul, Porto Alegre, 2012. Disponível em: <http://www.lume.ufrgs.br/handle/10183/56682>. Acesso em: 25 jan. 2019.

MARTINS, E. S. *Katherine Dunham e a Lei Afonso Arinos.* 2013. Disponível em: <http://oabrp.org.br/katherine-dunham-e-a-lei-afonso-arinos/>. Acesso em: 25 jan. 2019.

MOREIRA, A. J. *Direito antidiscriminatório*: justificando entrevista Adilson Moreira. 2016a. Disponível em: <https://www.youtube.com/watch?v=TkgAEQtCIRU>. Acesso em: 25 jan. 2019.

MOREIRA, A. J. Miscigenando o círculo do poder: ações afirmativas, diversidade racial e sociedade democrática. *Revista da Faculdade de Direito — UFPR*, v. 61, nº. 2, 2016b. Disponível em: <http://revistas.ufpr.br/direito/article/view/43559>. Acesso em: 25 jan. 2019.

MUNANGA, K. *Uma abordagem conceitual das noções de raça, racismo, identidade e etnia*. In: SEMINÁRIO NACIONAL RELAÇÕES RACIAIS E EDUCAÇÃO, 3., 2013, Rio de Janeiro: PENESB, 5 nov. 2003. Palestra. Disponível em: <https://www.geledes.org.br/wp-content/uploads/2014/04/Uma-abordagem-conceitual-das-nocoes-de-raca--racismo-dentidade-e-etnia.pdf>. Acesso em: 25 jan. 2019.

QUADRADO, B. F. *"Era meu sonho ser Miss Mulata"*: a representação da mulher negra e mulata em um concurso de beleza 1969-1999 (Arroio Grande, RS). 2016. Dissertação (Mestrado em História) — Universidade Federal de Pelotas, Pelotas, 2016. Disponível em: <http://wp.ufpel.edu.br/ppgh/files/2017/03/Disserta%C3%A7%C3%A3o-Beatriz--Flo%C3%B4r-Quadrado.pdf>. Acesso em: 25 jan. 2019.

WAISELFISZ, J. J. *Mapa da violência 2016*: homicídios por armas de fogo no Brasil. Flacso Brasil, 2015. Disponível em: <http://www.mapadaviolencia.org.br/pdf2016/Mapa2016_armas_web.pdf>. Acesso em: 25 jan. 2019.

Leitura recomendada

MOREIRA, A. J. Privilégio e opressão. *Revista Observatório Itaú Cultural*, São Paulo, nº. 21, 2007. Disponível em: <http://d3nv1jy4u7zmsc.cloudfront.net/wp-content/uploads/2016/11/OBS21_BOOK_ISSUU.pdf>. Acesso em: 25 jan. 2019.

O Direito e a proteção às minorias: afro-brasileiros e indígenas

Objetivos de aprendizagem

Ao final deste texto, você deve apresentar os seguintes aprendizados:

- Identificar a necessidade de proteção às minorias.
- Explicar como se dá a identificação dos afro-brasileiros e indígenas como minorias.
- Reconhecer os princípios que regulam a proteção às minorias.

Introdução

A criminalização do racismo, associada a um controle social cada vez mais marcante e eficiente, voltado à denúncia e à punição da discriminação racial, tem exigido certa revisão das leis relacionadas às práticas racistas na contemporaneidade. A aprovação de leis que protegem as minorias é agora muito mais recorrente do que em outros períodos da história; porém, percebe-se que nem sempre a legislação é cumprida. A teoria está muito longe da prática, mas é crescente a preocupação nesse sentido.

A proteção aos afro-brasileiros e indígenas se mostra determinante para as questões de igualdade. Assim, neste capítulo, você vai estudar a necessidade de proteção das minorias e como se dá a identificação dos afro-brasileiros e indígenas como minorias. Ao final, você verá os princípios e leis que regulam a proteção às minorias.

Necessidade de proteção às minorias

Observa-se, contemporaneamente, uma crescente preocupação com questões de natureza multicultural; ou seja, questões referentes à identidade, à diferença e aos direitos das minorias. Sabe-se que as **minorias** são grupos humanos ou sociais que se encontram em uma situação de inferioridade ou subordinação em relação a outro, considerado majoritário ou dominante. Essa posição de inferioridade pode ter como fundamento diversos fatores — socioeconômico, legislativo, psíquico, etário, físico, de gênero, étnico ou religioso. Esses grupos, que estavam relegados à invisibilidade, com o passar do tempo começaram a reivindicar seus direitos perante os governos e a sociedade, que antes os tratavam com discriminação e preconceito. Nesse sentido, pode-se destacar as lutas travadas pelas mulheres, pelos afrodescendentes e pelos homossexuais.

O movimento dos afro-brasileiros, o movimento indígena e os movimentos de gênero são **movimentos de identidade e culturais**, porque conferem aos seus participantes uma identidade centrada em fatores étnicos/raciais. Acredita-se que as minorias são um grupo não dominante de indivíduos que partilham certas características nacionais, étnicas, religiosas ou linguísticas.

A Constituição Federal de 1988 evidencia o desejo e a busca pela concretização de um Estado Democrático de Direito, tendo como um dos fundamentos a **dignidade da pessoa humana**, viabilizada por meio de novos direitos até então desprezados ou não constitucionalizados (BRASIL, 1988). A expressão dignidade da pessoa humana, embora polissêmica, trata de uma qualidade intrínseca a cada pessoa, inalienável e irrenunciável, estando em permanente processo de construção e desenvolvimento. Para Sarlet (2008), a dignidade se manifesta como expressão da autonomia do indivíduo e do Estado, mormente quando fragilizada ou quando ausente a capacidade de autodeterminar-se.

Além da dignidade da pessoa, sobressai na Constituição a regra da **igualdade**, tratando da proibição de discriminação na contratação de funcionários, das desigualdades salariais, do dever do Estado de garantia de atendimento educacional especializado para pessoas com deficiência, entre outras questões. O direito à igualdade perpassa outros direitos, como a própria liberdade.

A Constituição Federal de 1988 (BRASIL, 1988) deu visibilidade e voz aos movimentos sociais e às minorias que, há muito tempo, vinham (e seguem) denunciando tratamentos diferenciados por parte da sociedade e do Estado. Assim, possibilitou-se um debate com consequências jurídicas e com a obrigação do Estado de se posicionar de forma diferenciada, inclusive no que se refere ao ordenamento jurídico. Foi a partir de lutas e reivindicações que esse cenário foi se moldando, principalmente com as manifestações dos movimentos culturais e de identidade, a partir dos anos de 1990.

> **Fique atento**
>
> As minorias nem sempre estão em quantidade numérica inferior. Considera-se as mulheres e os pobres como grupos minoritários, embora sejam a maioria na sociedade. Logo, o fator numérico não é capaz de caracterizar uma minoria, mas a posição de inferioridade e vulnerabilidade em que o grupo de indivíduos se encontra na sociedade.

O combate ao racismo, à discriminação racial, à xenofobia e à intolerância faz parte da Organização das Nações Unidas (ONU), no seu Conselho de Segurança, que é destinado a manter a paz mundial. Os **direitos humanos** nasceram e se consolidaram alicerçados em um princípio singelo: há direitos que escapam às restrições estatais e ultrapassam as noções de soberania. Sendo assim, o Direito aparece como um meio de solucionar os conflitos sociais, quando bem aplicado, e utiliza outras ciências como auxílio para se tornar ainda mais eficaz e eficiente nessa luta pela igualdade de direitos.

Todos merecem a proteção do Estado e um tratamento diferenciado quando houver razoável necessidade, o que exige a adoção de medidas protetivas especiais para as pessoas que sofrem constante discriminação por causa de sua cultura, cor, opção sexual ou religião. É sabido que, infelizmente, há falhas na aplicação do Direito, pois nem sempre se consegue combater os abusos que as minorias sofrem no seio da sociedade. Se fosse diferente, não veríamos tantas ações relacionadas a injúrias, racismo e atos de violência contra minorias.

> **Fique atento**
>
> A injúria racial consiste em agressões verbais direcionadas a uma pessoa, com a intenção de abalar o psicológico dessa vítima determinada, utilizando elementos referentes à raça, à cor ou à etnia. Um exemplo considerado de injúria racial ocorreu em um jogo de futebol. No caso, torcedores de um time insultaram o goleiro do time adversário chamando-o de "macaco" durante a partida, devido o tom de sua pele ser negra. Com isso, o Ministério Público entrou com uma ação no Tribunal de Justiça (TJRS), que aceitou a denúncia por injúria racial, aplicando, na ocasião, medidas cautelares, como o impedimento dos acusados de frequentarem estádios.
>
> Já o ato de impedir, obstar ou dificultar o acesso de um número indeterminado de pessoas a serviços, empregos ou lugares, como cargos da Administração Pública, empresas privadas, estabelecimentos comerciais, hotéis ou estabelecimentos congêneres, restaurantes, bares, estabelecimentos esportivos, casas de diversão, clubes, salões de cabeleireiros, barbearias, entradas e elevadores sociais e meios de transporte configura crime de racismo, que é inafiançável e imprescritível.

Identificação dos afro-brasileiros e indígenas como minorias

O problema racial há muito deixou de ser um problema individual do negro ou da comunidade negra. O movimento dos afro-brasileiros deixou de ser predominantemente um movimento de manifestações culturais para ser um movimento de luta contra a **discriminação racial**. As comunidades negras conhecem bem a realidade de injúrias, assédios e discriminações no ambiente de trabalho, a partir da sua história e de seus antepassados, nos processos de sofrimento e de luta relacionados à superação do racismo.

Trata-se, na verdade, de uma exclusão histórica, que remonta à escravidão e tem se perpetuado por décadas. Passados muitos anos da abolição da escravatura no Brasil, persiste a desigualdade social imposta aos afrodescendentes, perpassada por fatores históricos recorrentes que reforçam a cor como um indicativo de inferioridade e estigma social. Não há controvérsia sobre a magnitude dos danos causados contra os índios e os negros durante o período colonial, mas, ainda hoje, não só eles como outros grupos continuam sofrendo as mazelas da exclusão social, de uma forma menos explícita do que a de antes, porém com sérias consequências. Essas minorias, destituídas de sua cidadania de direito, representam os menores índices de instrução e as condições habitacionais mais precárias, geralmente desempenham as ocupações menos privilegiadas e, devido a esse quadro educacional e ocupacional, conformam as piores faixas de renda familiar.

Muitas ações já são percebidas no que diz respeito ao reconhecimento e às lutas dos negros: em 2000, o Troféu Raça Negra foi criado pela ONG Afrobras para não apenas homenagear líderes ou heróis negros, mas também prestar homenagens àqueles que lutam pela causa dos negros. A bandeira da luta que tem mobilizado inúmeras entidades nacionais da categoria, desde 2002, tem sido a do **Estatuto da Igualdade Racial**, além da questão das cotas nas universidades. A maioria das entidades também apresentam como uma de suas bandeiras principais a melhoria no ensino nas escolas públicas.

Nos últimos anos, a **organização dos quilombolas** tem ocupado as atenções dos movimentos de afrodescendentes, a exemplo das Comunidades Negras Quilombolas. A Fundação Palmares apontou, em 2009, a existência de 3.524 comunidades de quilombolas, mas, na ocasião, somente 1.289 estavam reconhecidas oficialmente. Uma conquista importante foi a declaração do dia 20 de novembro como **Dia da Consciência Negra**, em homenagem à morte do líder Zumbi dos Palmares.

Segundo dados divulgados pelo Instituto Brasileiro de Geografia e Estatística (IBGE), o Censo de 2010 registra que a população negra e parda, que representa 50,7% da população brasileira, é prevalente quando o assunto é desigualdade social. O Censo revelou que, em 2010, 70% das 16,2 milhões de pessoas que viviam na pobreza extrema eram negras e pardas; também revelou que os negros seguem recebendo salários mais baixos do que os brancos e amarelos, que ganham 2,4 vezes mais. A disparidade segue representada em taxas elevadas de analfabetismo — em 2010, 13% dos negros com idade acima de 15 anos eram analfabetos.

O governo federal desenvolve uma série de programas e projetos focalizados nas comunidades negras do Brasil, inclusive cursos de capacitações. Houve melhora nos dados — em 2017, entre os adolescentes de 15 anos ou mais, 7,2% eram analfabetos. Destes, 4,2% eram brancos e 9,9% eram pretos ou pardos; ou seja, ainda podemos perceber a disparidade nos dados.

Os indígenas detêm saberes sobre a natureza, sobre as florestas. Crescem e se socializam no ambiente natural e têm com a terra uma relação que não envolve a ideia de propriedade. Ao nos referirmos ao **movimento indígena** no Brasil, não devemos nos esquecer das diferenças que existem entre ele e o movimento dos indígenas de outros países da América Latina. No Brasil, historicamente, a maioria da população indígena foi eliminada ou confinada em áreas não urbanizadas/industrializadas. A mão de obra popular básica sempre foi a dos negros e mulatos. Em vários países da América Latina que não tiveram escravidão de origem africana, a maioria dos pobres das cidades e dos vilarejos é indígena ou descendente direta destes.

Em 2014, mulheres indígenas participaram da Oficina de Formação e Informação de Mulheres Indígenas — Espaço Nacional de Diálogo, em Brasília (DF), promovida pela Fundação Nacional do Índio (Funai) e pela Secretaria de Políticas para as Mulheres (SPM). A oficina discutiu questões como o papel das mulheres indígenas em relação à regularização fundiária e à gestão ambiental e territorial em terras indígenas.

A organização dos afrodescendentes tende a crescer no Brasil, assim como a adesão da sociedade quanto à necessidade de políticas específicas, visando a combater as discriminações e a desigualdade. As pressões para a ampliação das cotas são ainda muito fortes. A proposta do Estatuto da Igualdade Racial prevê cotas para o ingresso dos afrodescendentes no funcionalismo público, o desenvolvimento da sua produção cultural e a participação de negros nos meios de comunicação. No campo da educação, cabe destacar que, em São Paulo, criou-se a primeira universidade para negros — a Universidade da Cidadania Zumbi dos Palmares, além de uma rede de pré-vestibulares comunitários.

Entretanto, propostas de aumento de ações afirmativas e critérios sociais e não raciais têm sido defendidas como forma de não se introduzir outro tipo de discriminação oficial, visando a corrigir distorções que estão na estrutura socioeconômica do país, estrutura esta que impede os mais pobres de terem acesso à universidade e/ou a uma boa formação que lhes possibilite o desenvolvimento profissional. Trata-se de temas polêmicos, como o da existência ou não do conceito de raça e de racismo no país.

É preciso alterar a cultura e a mentalidade sedimentada em grande parte dos brasileiros em relação aos afrodescendentes. Não se trata apenas de apagar os crimes cometidos no passado escravocrata — trata-se também de fazer da igualdade um direito de fato — o direito de não ser discriminado. O preconceito é legislado como crime hediondo, de acordo com a Lei nº 8.072, de 25 de julho de 1990 (BRASIL, 1990).

A desigualdade nas condições de acesso, permanência e conclusão dos anos escolares reproduz outras exclusões: o negro adulto tem baixo nível de escolaridade e, consequentemente, encontra dificuldades no acesso ao trabalho e à renda. Enquanto 7,3% das pessoas brancas não tinham instrução, em 2016, 14,7% das pessoas pretas ou pardas estavam nesse grupo. O oposto acontecia no nível superior completo: 22,2% das pessoas brancas eram formadas na faculdade, em 2016, enquanto apenas 8,8% da população preta ou parda possuía formação universitária. Com a diminuição das oportunidades sociais, decai a qualidade de vida do sujeito negro e de sua família, reproduzindo seu itinerário de exclusão.

Ainda se pratica no Brasil uma exclusão pela cor, pela etnia do sujeito, com a atribuição de valor diminutivo e depreciativo ao indivíduo de uma determinada cor de pele. Esse processo de estigmatização e poder denomina-se racismo.

> **Saiba mais**
>
> Biopoder é um termo criado originalmente pelo filósofo francês Michel Foucault para se referir à prática dos estados modernos de regulação dos que a ele estão sujeitos, por meio de uma explosão de técnicas numerosas e diversas para obter a subjugação dos corpos e o controle de populações. Foucault usou-o NOS seus cursos no Collège de France, mas ele apareceu pela primeira vez no livro *A vontade de saber*, primeiro volume da *História da sexualidade*.

Princípios que regulam a proteção às minorias

Ao analisar a trajetória do Direito em relação aos grupos minoritários, são visíveis algumas mudanças na luta pelo direito de igualdade, mas ainda há muito a ser desenvolvido. Em relação aos grupos minoritários, podemos trazer as seguintes legislações federais que tratam de matérias exclusivas para os grupos: Lei Maria da Penha (Lei n°. 11.340, de 07 de agosto de 2006), Estatuto do Índio (Lei n°. 6.001, de 19 de dezembro de 1973), Lei da Fundação do Índio — FUNAI (Lei n°. 5.371, de 05 de dezembro de 1967), Estatuto da Igualdade Racial (Lei n°. 12.288, de 20 de julho de 2010) e Lei dos crimes contra preconceito de raça ou de cor (Lei n°. 7.716, de 05 de janeiro de 1989).

Estes são alguns exemplos de leis federais direcionadas aos grupos minoritários, mas não podemos deixar de apresentar outros âmbitos. Na esfera criminal, tem-se o Código Penal, a Lei de Execução Penal (Lei n°. 7.210, de 11 de julho de 1984) e a Lei das Contravenções Penais (Decreto-lei n°. 3.688, de 03 de outubro de 1941). Já na área administrativa, temos o Estatuto do Servidor Público (Lei n°. 8.112, de 11 de dezembro de 1990). Na esfera processual, tanto civil quanto penal, temos: Código de Processo Civil (CPC), Código de Processo Penal (CPP), Leis dos Juizados Especiais (Lei n°. 9.099, de 26 de setembro de 1995, Lei n°. 10.259, de 12 de julho de 2001, e Lei n°. 12.153, de 22 de dezembro de 2009). Por fim, a esfera trabalhista apresenta o tema na Consolidação das Leis do Trabalho (CLT) e na Lei da Discriminação no Emprego (Lei nº. 9.029, de 13 de abril de 1995). Todos esses diplomas legais apresentam artigos que protegem os grupos minoritários.

A população indígena possui um diploma legislativo próprio, que é o **Estatuto do Índio**. Há ainda crimes mais severamente punidos quando praticados contra o índio, como o previsto nos art. 207 do CP: "Aliciar trabalhadores, com o fim de levá-los de uma para outra localidade do território nacional" (BRASIL, 1940).

Ainda quanto ao índio, no âmbito administrativo, destaca-se a Lei nº. 5.371/1967 (BRASIL, 1967) que criou a Funai, que é o órgão administrativo de proteção aos interesses indígenas. Certas mudanças ocorridas nas nações indígenas — por pressão de indigenistas, antropólogos, juristas, missões religiosas, ONGs, pela preocupação do governo com sua imagem nas repercussões internacionais e por força de tratados de direitos de minorias e direitos humanos — conseguiram, se não estancar, pelo menos refrear alguns abusos junto aos poderes constituídos, principalmente quanto à invasão de suas terras. Assim, foi tornando-se possível a preparação e a educação formal de alguns índios, que se organizaram para defender seus povos junto aos poderes constituídos, em relação ao Direito Constitucional. Os grupos indígenas vêm trilhando um caminho em direção a uma democracia partilhada e dialógica, a duras penas. Em relação à população negra, esta possui uma legislação específica própria, que é o Estatuto da Igualdade Racial.

No âmbito trabalhista, é relevante trazer a Lei nº. 9.029/1995, citada anteriormente, que proíbe práticas discriminatórias tanto para admissão quanto para permanência no trabalho. Ela se aplica não apenas à questão racial, mas às questões de sexo, origem, estado civil, situação familiar, deficiência, reabilitação profissional, idade, entre outros (art. 1º da referida Lei). Já no âmbito processual, destaca-se a Lei da Ação Civil Pública (Lei nº. 7.347, de 24 de julho de 1985), que estabelece a possibilidade de ajuizar esse tipo de ação para proteção da honra e dignidade de grupos raciais.

Podemos pensar, então, que as minorias não se encontram à margem da lei, já que possuem diversos direitos regulamentados. Porém, ainda vemos muitas situações de discriminação. O grande desafio da atualidade não consiste em regulamentar ou reconhecer direitos, mas, sim, efetivá-los na realidade social. O Quadro 1 apresenta um resumo das principais legislações relativas ao tema da proteção de índios e negros.

Quadro 1. Legislação de proteção aos índios e negros

Grupos minoritários	Cível	Criminal	Administrativo	Processual	Trabalhista
Índio	Lei nº. 6.015/1973: art. 50, § 2º; art. 246, § 2º e § 3º. CF: art. 209, § 2º; art. 215, § 1º, arts. 231 e 232.	CP: art. 203, § 2º; art. 207, § 2º.	X	CF: art. 129, V: 232.	X
Negro	CF: art. 215, § 1º.	CP: art. 140, §3º; art. 149, § 2º, II. CF: art. 5º, XLII.	X	Lei nº. 7.347/1985: art. 1º, VII; art. 5º, b; art. 13, § 2º.	X

Link

Para saber mais sobre o tema dos indígenas, é importante a leitura do artigo "O direito das minorias e as nações indígenas no Brasil", disponível no link a seguir.

https://goo.gl/2u3QnS

Exemplo

É interessante fazer um paralelo entre a maneira de os Estados Unidos e o Brasil tratarem os habitantes primitivos e originais de seus países. Nos Estados Unidos, para suprimir os conflitos entre os grupos indígenas e o Estado, envolvendo questões de terras, o Estado, a princípio, utilizou-se de negociações diplomáticas ou guerras abertas, mas, enfim, percebeu que era melhor negociar do que guerrear. Assim, o Estado escolheu a alternativa chamada diplomacia vermelha e, a partir dessa tradição de reconhecer a soberania das nações indígenas (apesar de atitudes que, muitas vezes, a contradizem), registrou, na Constituição Federal, a regulação do comércio com as nações estrangeiras entre os vários Estados e com as tribos indígenas. Já no caso brasileiro, ocorre o contrário: não são reconhecidos os direitos dos índios no tocante às disputas de terra. Apesar da legislação brasileira específica para o tema, a teoria está muito longe da prática realizada em relação a esse grupo minoritário.

Referências

BRASIL. Constituição da República Federativa do Brasil de 1988. *Diário Oficial da União*, Brasília, DF, 5 1988. Disponível em: <http://www.planalto.gov.br/ccivil_03/constituicao/constituicao.htm>. Acesso em: 11 fev. 2019.

BRASIL. Decreto-Lei nº. 2.848, de 7 de dezembro de 1940. Código Penal. *Diário Oficial da União*, Brasília, DF, 1940. Disponível em: <http://www2.camara.leg.br/legin/fed/declei/1940-1949/decreto-lei-2848-7-dezembro-1940-412868-publicacaooriginal-1-pe.html>. Acesso em: 11 fev. 2019.

BRASIL. Lei nº. 5.371, de 5 de dezembro de 1967. *Diário Oficial da União*, Brasília, DF, 1967. Disponível em: <http://www.planalto.gov.br/ccivil_03/Leis/1950-1969/L5371.htm>. Acesso em: 11 fev. 2019.

BRASIL. Lei Ordinária nº. 8.072, de 25 de julho de 1990. Dispõe sobre os crimes hediondos, nos termos do art. 5º, inciso XLIII, da Constituição Federal, e determina outras providências. *Diário Oficial da União*, Brasília, DF, 1990. Disponível em: <http://www2.camara.leg.br/legin/fed/lei/1990/lei-8072-25-julho-1990-372192-norma-pl.html>. Acesso em: 11 fev. 2019.

IBGE. *Censo 2010*. IBGE, Brasília, DF, [2010]. Disponível em: <https://censo2010.ibge.gov.br/>. Acesso em: 11 fev. 2019.

SARLET, I. W. *Dignidade da pessoa humana e direitos fundamentais*. Porto Alegre: Livraria do Advogado, 2008.

Leituras recomendadas

CORDEIRO, L.; SILVA, R. O direito de ser índio como um direito humano. *Sabedoria política*, [S.l.], jun. 2016. Disponível em: <https://www.sabedoriapolitica.com.br/products/o--direito-de-ser-indio-como-um-direito-humano/>. Acesso em: 11 fev. 2019.

GOHN, M. G. *Movimentos sociais e redes de mobilizações civis no Brasil contemporâneo*. Petrópolis, RJ: Editora Vozes, 2010.

IKAWA, D.; PIOVESAN, F. *Igualdade, diferença e direitos humanos*. Rio de Janeiro: Lumen Juris, 2008.

LEVY, M. S. F. O direito das minorias e as nações indígenas no Brasil. *Caderno CRH*, Salvador, v. 22, nº. 57, p. 493–505, 2009. Disponível em: <http://www.scielo.br/pdf/ccrh/v22n57/a05v2257.pdf>. Acesso em: 11 fev. 2019.

Pluralidade religiosa

Objetivos de aprendizagem

Ao final deste texto, você deve apresentar os seguintes aprendizados:

- Reconhecer a influência das religiões nos valores éticos e humanistas das diversas culturas.
- Desenvolver uma abordagem inclusiva sobre a temática das religiões, considerando a vasta diversidade religiosa presente no mundo.
- Auxiliar na promoção de um ensino aconfessional, que respeite e valorize os aspectos positivos das diversas religiões.

Introdução

O Brasil apresenta uma grande variedade de religiões, crenças e valores que exercem, de maneira mais ou menos independente, uma influência sobre os indivíduos. Como um quadro representativo da sociedade, o contexto escolar também está marcado por esse aspecto de pluralidade religiosa.

Cabe ao educador estabelecer as bases do acolhimento e da tolerância neste cenário de diversidade. Todavia, é preciso imparcialidade e discernimento para que os elementos das culturas religiosas não se sobreponham às necessidades do currículo escolar, conforme você vai estudar neste texto.

A influência das religiões nos valores éticos e humanistas das diversas culturas

A grande diversidade de religiões existentes no mundo dá origem ao que se chama na filosofia de **pluralismo religioso**. A existência de uma variedade de religiões, nas diversas culturas e sociedades, traz o questionamento sobre quais são as implicações desse pluralismo na vida humana. Em outros termos, pode-se dizer que uma religião é tão legítima quanto qualquer outra? Será que nenhuma delas pretende ser detentora da verdade? A diversidade religiosa prejudica a confiança que o indivíduo tem na sua própria religião ou crença? (SWEETMAN, 2013).

Ao falar em pluralismo religioso, deve-se ter em vista muitas e diferentes religiões, como cristianismo, islamismo, judaísmo, hinduísmo, budismo, taoismo, confucionismo e religiões de origem afro-brasileiras, como umbanda e candomblé. É praticamente impossível ignorar as religiões que existem na cultura de hoje. Os meios de comunicação, a facilidade do empreendimento de viagens, os centros históricos, os centros de preservação de memórias e os museus aproximaram as pessoas das múltiplas religiões existentes.

Todavia, existem diferenças bem acentuadas entre as religiões, sobretudo no que tange à natureza de Deus, à descrição e à interpretação correta dos textos sagrados, a questões morais, doutrinárias e a questões como encarnação e ressurreição, que, por exemplo, os cristãos afirmam e os muçulmanos negam (SWEETMAN, 2013).

Antes de abordar a influência da religião na formação dos valores éticos e humanistas, é necessário compreender o significado do conceito de religião. Segundo José Pereira Coutinho (2012), a palavra "religião" é derivada do latim *religio*, que pode significar religar, reler ou reeleger. Em todas elas está presente a ligação da humanidade com a divindade. Desse modo, a primeira característica da religião é apresentada pela ligação do homem com algo superior ou transcendente (além da realidade) ao seu objeto.

O contexto cultural também interfere na definição de religião. Nas sociedades ocidentais, onde se associa religião como algo transcendente, ela é sistema mediador entre o homem e as entidades superiores. Nas sociedades marcadas pela presença da cultura judaico-cristã, tem-se a concepção do Deus único e transcendente. Já na cultura das sociedades orientais, para os budistas e hinduístas, o transcendente não está presente, mas sim o conceito de **panteísmo**, isto é, um deus em tudo (COUTINHO, 2012).

Além disso, as práticas religiosas são diversas e englobam ritos, rituais, orações, canções, dentre outros. Os ritos religiosos são heranças culturais que determinam as formas de viver da crença, nomeadamente de culto e devoção pessoal. Os rituais são gestos e símbolos que efetivam os ritos religiosos, sendo desse modo, estabelecidos por normas e tradições religiosas (COUTINHO, 2012).

No Brasil, além da presença das religiões judaico-cristãs e orientais, temos a organização das religiões afro-brasileiras nascidas das tradições culturais africanas e trazidas na época da escravidão. Ocorre que, por falta de liberdade religiosa, os negros africanos tiveram que adaptar seus cultos e ritos à realidade brasileira, para assim preservarem suas tradições. Desse modo, após muitos debates, o Candomblé e a Umbanda são religiões que se tornaram respeitadas em nosso país (BIACA, 2013).

O Candomblé pode ser considerado um conjunto de experiências religiosas, de manifestações do sagrado mediante elementos simbólicos como os orixás (divindades da natureza), suas oferendas e seus terreiros. Já a Umbanda consiste na mistura de crenças e rituais africanos com outras religiões, como o catolicismo. Além disso, os cultos afro-brasileiros são realizados, muitas vezes, com oferendas de alimentos como forma de pagamento de favores concedidos aos fiéis, e desse modo, grandes banquetes são realizados para a comunidade e convidados (BIACA, 2013).

Pelo pluralismo religioso, pode-se conceber que, em cada religião, existe um conjunto de símbolos, normas e doutrinas que impactam, de alguma maneira, a comunidade que compartilha de tal crença. Além disso, as religiões lançam elementos que podem compor a base dos valores éticos e morais dos indivíduos, uma vez que, propagam uma noção do que é o bem ou o mal, o certo e o errado.

No mundo contemporâneo, em que o pluralismo religioso é acentuado, é importante (re)pensar quais são as contribuições e as influências que a religião pode exercer na formação dos indivíduos. Assim, conforme José de Vasconcellos (2012), conhecer melhor as outras realidades que se manifestam, tanto em nível cultural quanto religioso, é sinônimo de abertura para o outro.

Além disso, é importante pensar que as religiões constituem, na atualidade, uma porta para a propagação da paz, do respeito e da valorização dos seres humanos. Sweetman (2013) aponta que atualmente não convém mais falar em um exclusivismo religioso, que uma determinada religião é mais legítima do que a outra. As múltiplas religiões devem contribuir, sobretudo, para a disseminação de valores que visem à construção da paz e do respeito à diversidade.

Fique atento

O sagrado é uma experiência da presença de uma potência ou de uma força sobrenatural que habita algum ser: planta, animal, humano, coisas, ventos, água, fogo. Essa potência é tanto um poder que pertence própria e definitivamente a um determinado ser, quanto algo que ele pode possuir e perder, não ter e adquirir. Todas as culturas possuem vocábulos para exprimir o sagrado como força sobrenatural que habita o mundo. O sagrado pode suscitar devoção e amor, repulsa e ódio. Esses sentimentos suscitam um outro: o respeito feito de temor. Nasce, aqui, o sentimento religioso e a experiência da religião (CHAUI, 2000).

Uma abordagem inclusiva sobre a temática das religiões

A diversidade cultural do Brasil é emblemática. De encontro a algumas teorias como o determinismo biológico, que defendia que a causa dos problemas sociais como desigualdade e miséria eram consequência da diversidade étnica, a diversidade cultural é uma das maiores riquezas da nossa identidade nacional. Essa trajetória histórica, embora marcada por violências, lutas, imposições, também foi marcada por trocas recíprocas e colaborativas.

O processo de mestiçagem não significou o apagamento heterogeneidade dos grupos culturais distintos, mas fez alargar e surgir inúmeros espaços socioculturais com diferentes visões de mundo. No que se refere especificamente à diversidade religiosa brasileira, não há registros apenas de casos isolados de intolerância que remontam a história do país, mas também apontam como grupos religiosos minoritários, marginalizados, segregados foram perseguidos por entidades religiosas hegemônicas. Por exemplo, as religiões de matriz africana durante muito tempo foram consideradas afeitas do "mal", seus rituais foram perseguidos e suas manifestações ocorriam na clandestinidade. Somente muito recentemente é que essas religiões saíram da invisibilidade, muito embora ainda sofram atos de intolerância por parte de outros grupos religiosos (PINEZI, 2016).

Nesse sentido, o âmbito escolar é um local bastante propício para a promoção de discussões e processos de ensino que repudiem atos discriminatórios e promovam discussões abertas sobre a importância do respeito à diversidade para o convívio em sociedade. O tema "educar para a diversidade" é abordado de maneira recorrente no Brasil, sobretudo a partir da Lei de Diretrizes e Bases da Educação Nacional (LDBEN), Lei nº. 9.394, de 20 de dezembro de 1996. O tema aparece em expressões emblemáticas como, por exemplo, "respeito à liberdade e apreço à tolerância" e "consideração com a diversidade étnicorracial". Sobretudo a partir do tema do ensino religioso, a questão da diversidade cultural e religiosa passou a ser amplamente discutida em sociedade (BRASIL, 1996).

É necessário perceber que a força ética das religiões pode contribuir para a formação de uma cultura de paz e de tolerância entre os seres humanos. Desse modo, o Ensino Religioso, enquanto disciplina escolar, pode potencializar o respeito entre as pessoas, fomentando a convivência harmoniosa entre convicções religiosas diferentes. Mesmo aqueles que não possuem uma crença religiosa específica, devem aprender a conviver com aqueles que aderem a uma fé religiosa (SOUZA, 2013).

A concepção de Ensino Religioso, presente nos Parâmetros Curriculares Nacionais (PCNs), aponta para novas perspectivas em sua prática pedagógica

(BRASIL, 1997). O que isso significa? Na prática, a escola tem o dever de proporcionar, por meio de processos de ensino e aprendizagem, atividades que privilegiem a diversidade e a pluralidade das expressões religiosas.

> **Fique atento**
>
> É importante considerar que o Ensino Religioso faz parte do exercício da cidadania, o que implica dizer que, mesmo diante da negação da religiosidade humana, é necessário buscar compreender o outro. É preciso ir muito além da ideia de tolerância, pois a religião é um elemento presente nas diversas culturas que compõem o Brasil (SOUZA, 2013).

Em um contexto de prática pedagógica, é importante que o professor desenvolva os conteúdos sobre fenômenos religiosos respeitando as características de cada aluno, de acordo com cada série em que ele está inserido. Deve-se procurar estabelecer ligações entre as diferentes religiões, com textos sagrados, personagens, ritos e tradições dos povos que compõem a identidade brasileira. Desse modo, o professor deve primar pela valorização da religião dos seus educandos em um contexto de diálogo.

Em suma, toda proposta que vise ao empreendimento de trabalhos com temáticas religiosas diversas, deve estar pautado no respeito à diferença, à alteridade. O outro é sempre o diferente; sua história é diferente e o modo como enxerga o mundo, é diferente. Suas manifestações culturais são diferentes e, sempre, muito bonitas, se pensadas na prerrogativa da diferença cultural. Assim, sua religiosidade se manifesta diferentemente e isto não deveria ser um motivo de surpresa (MENEGHETTI; WACHOWICZ, 2002).

Você deve perceber que, ao longo do percurso da educação básica, o professor e o aluno podem juntos construir reflexões, sobre fenômenos religiosos, a partir de questões existenciais, como por exemplo: "Quem sou eu de onde eu vim? Para onde vou?". Associado a esse fato, pode-se expandir a consciência da necessidade da organização de conteúdos que poderão contribuir para situar os alunos nas dimensões da pluralidade religiosa.

Uma abordagem inclusiva sobre temáticas religiosas requer pensar como determinada cultura constrói historicamente os seus sistemas religiosos. Por isso, para estudar os fenômenos religiosos, deve-se estar atento aos usos e sentidos dos termos, que em determinada situação histórica, geram crenças, ações, instituições, livros, condutas, ritos e teologias (VIANNA, 2011).

A partir dessa perspectiva, temos a possibilidade de potencializar o entendimento de momentos específicos das diversas culturas e seus significados. Assim, é válido destacar que cada cultura apresenta uma forma particular de perceber o comportamento humano, compreender e ver o mundo. As diferentes cosmovisões mostram diversos modos de ser e agir. As expressões religiosas concretas existentes emergem como valor constituinte e ação significante da condição humana (VIANNA, 2011).

Nesse contexto, a escola configura-se num espaço privilegiado para promover o reconhecimento da pluralidade religiosa, pois valorizar as diferentes crenças é um passo fundamental para o diálogo inter-religioso. Na medida em que se aprofunda o conhecimento sobre as religiões, pode-se aumentar a compreensão das crenças individuais e superar as barreiras dos preconceitos, atitudes que constroem um mundo hostil e intolerante. Destaca-se aqui, a importância da promoção do conhecimento das diversas expressões religiosas no contexto do espaço escolar (VIANNA, 2011).

Assim, o grande desafio para a educação no presente, marcado pela pluralidade religiosa, consiste em desenvolver o respeito pelo outro, em sua diferença e singularidade, sem a intenção de homogeneizar as culturas, mas, sim, celebrar a diversidade cultural.

Saiba mais

É comum ouvir que o Brasil é um lugar tolerante e que aqui as diferenças desaparecem e convivemos em harmonia. No campo da fé, vemos religiões por todos os lados e até as mais diferentes parecem coexistir pacificamente. Estamos acostumados aos eventos "ecumênicos" com a presença de representantes de muitas denominações religiosas.

Portanto, somos um povo pacífico e a religião promove a paz entre nós. Verdade? Em parte. É bom ter em mente que não vemos, por aqui, conflitos religiosos de grande intensidade. Porém, isso não significa que não haja violências religiosas. A primeira delas foi, sem dúvida, a imensa violência física e simbólica contra os primeiros habitantes indígenas. Quando os portugueses por aqui chegaram traziam uma concepção de que religião era apenas a cristã e a fé em Deus era única. Logo, os diferentes povos que aqui habitavam não possuíam religião, sequer tinham alma. Como tarefa esses primeiros colonizadores deveriam evangelizar os povos então tidos por selvagens. De forma pacífica, para alguns, ou à força, para a maioria, a religião cristã foi se tornando a única em todo o território colonial.

Cada etnia indígena tinha sua visão de mundo. Ou seja, sempre houve uma pluralidade religiosa por aqui, mas pluralismo é coisa mais recente. Envolve a ideia de Estado laico e liberdade religiosa.

> Os colonizadores de então impuseram sua fé cristã como única possibilidade. Igreja e Estado estiveram unidos indissociavelmente por longos séculos. Somente com a República é que nosso país passou a ser laico. Nesse período, outros sistemas de crença já estavam presentes, seja com os indígenas, seja com as tradições de matriz africana ou até mesmo com as múltiplas formas de se viver o cristianismo. Uma maneira própria de viver o cristianismo, muito festeiro e, principalmente, democrático e acolhedor de diferenças. Talvez esse fato tenha marcado profundamente nossa sociedade e deixado "aquela" marca de tolerância apontada anteriormente.
>
> Atualmente temos inúmeras denominações baseadas no cristianismo, sendo o catolicismo romano a vertente com maior número de adeptos. Neste sentido, pode-se dizer que o referencial de valores da sociedade brasileira é essencialmente cristão. Outras religiões, conforme aponta o censo demográfico do IBGE (2000/2010), se fazem presentes como o Espiritismo, o Judaísmo, Islamismo, Budismo, Taoísmo, Xamanismo.
>
> É por isso que podemos afirmar que no Brasil existe um grande pluralismo religioso. Além do mais, a nossa sociedade é laica e o Estado garante a coexistência das diferentes manifestações de fé. A secularização, isto é, a separação das coisas religiosas das coisas "deste mundo", tornou o pluralismo uma realidade cada vez mais presente (GUERRIERO, 2016).

Ensino aconfessional: respeito e valorização dos aspectos positivos das diversas religiões

Para abordar um ensino aconfessional, é preciso esclarecer alguns termos básicos. O Brasil é considerado um Estado Laico em virtude de dispositivos constitucionais que amparam a liberdade de religião, conforme pode ser observado no art. 5º, VI, da Constituição Federal de 1988 que dispõe que "[...] é inviolável a liberdade de consciência e de crença, sendo assegurado o livre exercício dos cultos religiosos e garantida, na forma da lei, a proteção aos locais de culto e suas liturgias" (BRASIL, 1988, documento on-line).

Em seguida, tem-se o art. 19, I, da Constituição acima mencionada (BRASIL, 1988, documento on-line):

> Art. 19 É vedado à União, aos Estados, ao Distrito Federal e aos Municípios:
> I — estabelecer cultos religiosos ou igrejas, subvencioná-los, embaraçar-lhes o funcionamento ou manter com eles ou seus representantes relações de dependência ou aliança, ressalvada, na forma da lei, a colaboração de interesse público.

Ocorre que a laicidade no Estado brasileiro é fruto de inúmeras discussões e contradições. Como exemplo, podemos citar a existência de um crucifixo no Senado ou as leituras bíblicas que são realizadas na abertura das sessões de diversas câmaras de vereadores espalhadas pelo País. Não é raro encontrar exemplos de escolas públicas onde os alunos realizam uma oração cristã no início de cada turno escolar. A questão aqui colocada é que, devido ao pluralismo religioso existente no Brasil e à laicidade prevista na Constituição Brasileira, não deveriam prevalecer os princípios de uma única vertente religiosa, mas uma abertura para todas as religiões.

O que queremos fixar é: o Estado laico é um estado neutro e leigo. Por meio dele, busca-se uma sociedade, que, de modo geral, mesmo com diversidade de crenças e ideologias, consiga se desenvolver pacificamente, tratando o próximo com o devido respeito, obedecendo a um governo sem posição religiosa definida.

Considerando que o Ensino Religioso deve ser ofertado nos sistemas escolares, qual seria então a melhor possibilidade? Como garantir um ensino que valorize as diferenças e a pluralidade religiosa? Como valorizar a diferença religiosa num país que, embora declarado laico, a maioria da população é Católica? Como combater o preconceito? Tais questões continuam a ser um grande desafio para professores e é necessário refletir sobre elas.

De acordo com Débora Diniz e Vanessa Carrião (2010), existem três possibilidades de se pensar a oferta de ensino religioso. Veja a seguir.

- **Ensino confessional:** o objetivo do ensino religioso é a promoção de uma ou mais confissões religiosas. O ensino religioso é clerical e, de preferência, ministrado por um representante de comunidades religiosas.
- **Ensino interconfessional:** o objetivo do ensino religioso é a promoção de valores e práticas religiosas em um consenso sobreposto em torno de comunidades religiosas ou por professores sem filiação religiosa declarada.
- **Ensino sobre a história das religiões (aconfessional):** o objetivo do ensino religioso é instruir sobre a história das religiões, assumindo a religião como um fenômeno sociológico das culturas. O ensino religioso é secular, devendo ser ministrado por professores de sociologia, filosofia ou história.

Em consonância com a laicidade do Estado, o modelo aconfessional, que toma por objeto as religiões como um fenômeno cultural, parece ser o mais adequado. Nessa linha de pensamento, não se aceita apenas uma perspectiva religiosa, mas valoriza-se a multiplicidade existente em uma determinada cultura. Ele pode promover um dos objetivos constitucionais mais nobres da educação que é a formação de cidadãos autônomos, capazes de fazer escolhas e de tomar decisões por si próprios em todos os campos, inclusive o da religiosidade (BRUM; LIMA, 2013).

Tendo em vista que o modelo aconfessional trata as religiões como fenômenos culturais, ele pode fornecer ao aluno o embasamento necessário para respeitar as diferenças religiosas, uma vez que, tende a implantar uma cultura antifundamentalista. O ensino aconfessional tende a demonstrar, por meio de dados históricos e filosóficos, que a existência de diferentes fenômenos religiosos sagrados é normal. Explica o porquê dessas diferenças e, sobretudo, promove a quebra de mitos preconceituosos que visam à estabilidade e propagação de determinada religião em detrimento de outras (BRUM; LIMA, 2013).

> **Fique atento**
>
> Mais do que uma convivência pacífica na sociedade, empreender um ensino na perspectiva aqui adotada poderia levar os alunos à admiração e ao respeito pelo Sagrado nas diferentes religiões. Nessa direção, um caminho frutífero é o diálogo. O diálogo é, em primeira instância, uma atitude, e posteriormente, um método. Por meio dele, pode-se reconhecer a alteridade e se chegar a reciprocidade da outra religião. Além disso, a postura do diálogo sempre parte do pressuposto de que todos estão em igualdade (SOUZA, 2013).

Assim, você deve lembrar de que a escola é um espaço democrático, com o compromisso de buscar sempre a superação de qualquer discriminação e exclusão social. O objetivo primordial é a valorização do ser humano, de suas características, a liberdade de expressão, de ideias e de religião. A religião é uma expressão cultural. A escola, como espaço de educação e promotora de cultura, deve abrir as portas para as múltiplas experiências religiosas, por meio do diálogo, construindo o respeito e garantindo o exercício da cidadania.

Referências

BIACA, V. O legado das religiões afro-brasileiras. In: PARANÁ. Secretaria de Estado da Educação. *Ensino religioso:* diversidade cultural e religiosa. Curitiba: SEED, 2013.

BRASIL. *Constituição da República Federativa do Brasil de 1988. Diário Oficial da União*, Brasília, DF, 1988. Disponível em: <http://www.planalto.gov.br/ccivil_03/constituicao/constituicao.htm>. Acesso em: 25 jul. 2017.

BRASIL. *Lei nº 9.394, de 20 de dezembro de 1996.* Estabelece as diretrizes e bases da educação nacional. Disponível em: <http://www.planalto.gov.br/ccivil_03/Leis/L9394.htm>. Acesso em: 25 jul. 2017.

BRASIL. *Parâmetros curriculares nacionais:* introdução aos parâmetros curriculares nacionais. Brasília: MEC, 1997. Disponível em: <http://portal.mec.gov.br/seb/arquivos/pdf/livro01.pdf>. Acesso em: 25 jul. 2017.

BRUM, A. L.; LIMA, R. M. O ensino religioso brasileiro à luz do princípio do Estado Laico. *Intertexto*, Rondônia, p. 1–14, 2013.

CHAUI, M. *Convite à filosofia.* 10. ed. São Paulo: Ática, 2000.

COUTINHO, J. P. Religião e outros conceitos. *Sociologia:* Revista da Faculdade de Letras da Universidade do Porto, v. 24, p. 171–193, 2012.

DINIZ, D.; CARRIÃO, V. Ensino religioso nas escolas públicas. In: DINIZ, D.; LIONÇO, T.; CARRIÃO, V. *Laicidade e ensino religioso no Brasil*. Brasília: UNESCO, 2010.

GUERRIERO, S. *Pluralismo religioso no Brasil:* percurso histórico. Disponível em: <https://www.sescsp.org.br/online/artigo/10019_PLURALISMO+RELIGIOSO+NO+BRASIL>. Acesso em: 25 jul. 2017.

MENEGHETTI, R. G. K.; WACHOWICZ, L. A. *Ensino religioso e sua relação pedagógica*. Petrópolis: Vozes, 2002.

PINEZI, A. K. *Pluralismo religioso no Brasil:* igualdade e tolerância. Disponível em: <https://www.sescsp.org.br/online/artigo/10019_PLURALISMO+RELIGIOSO+NO+BRASIL>. Acesso em: 25 jul. 2017.

SOUZA, R. A. de. Novas perspectivas para o ensino religioso: a educação para a convivência e a paz. *Reflexão e Ação* (Online), v. 21, p. 24–48, 2013. Disponível em: <https://online.unisc.br/seer/index.php/reflex/article/download/3207/2910>. Acesso em: 24 jan. 2019

SWEETMAN, B. *Religião:* conceitos-chave em filosofia. Porto Alegre: Penso, 2013.

VASCONCELLOS, J. R. *O ensino religioso e sua contribuição para o desenvolvimento ético do aluno na perspectiva dos parâmetros curriculares nacionais.* 2012. 103 f. (Dissertação) — Mestrado em Ciências da Religião. UNICAP, Recife, 2012.

VIANNA, M. Diversidade religiosa no contexto escolar. *Revista da Católica*, v. 3, p. 10–20, 2011.

Leituras recomendadas

CANAL DO EDUCADOR. *A diversidade cultural brasileira em sala de aula*. c2017. Disponível em: <http://educador.brasilescola.uol.com.br/estrategias-ensino/a-diversidade-cultural-brasileira-sala-aula.htm>. Acesso em: 25 jul. 2017.

CAVALCANTE, F. *Respeito ao pluralismo religioso é tema de encontro em Brasília*. 2015. Disponível em: <http://www.portaluniversogospel.com.br/respeito-ao-pluralismo-religioso-e-tema-de-encontro-em-brasilia/>. Acesso em: 25 jul. 2017.

MARQUES, L. *História das religiões e a dialética do sagrado*. São Paulo: Ideias em Letra, 2016.

OLIVEIRA, L. (Org.). *Ensino religioso no ensino fundamental*. São Paulo: Cortez, 2007.

POZZER, A. (Org.). *Diversidade religiosa e ensino religioso no Brasil:* memórias, propostas e desafios. Nova Petrópolis: Nova Harmonia, 2010.

Diversidade e tolerância

Objetivos de aprendizagem

Ao final deste texto, você deve apresentar os seguintes aprendizados:

- Relacionar a diversidade aos processos pelos quais a cultura se submete.
- Reconhecer que a cultura condiciona a visão de mundo do homem.
- Discutir a importância da tolerância em um mundo cada vez mais conectado.

Introdução

Os direitos culturais, incluídos na nova geração de direitos humanos, são a garantia de que todos os povos têm o direito de expressar a sua forma de viver diante do mundo, ou seja, a sua cultura. Nesse sentido, a manifestação cultural dos povos, em uma sociedade cada vez mais conectada, desafia o convívio social sob a ótica da diversidade. Nessa ótica, encaixa-se o respeito e a tolerância para com o diferente.

Neste capítulo, você vai estudar como se estabelece a relação entre diversidade e cultura, o modo como a cultura influencia a percepção de mundo do homem e como o tema da tolerância é importante quando o assunto é diversidade cultural.

Sobre diversidade e cultura

O reconhecimento e a valorização de múltiplas práticas culturais são disposições presentes em muitos estatutos de organismos internacionais, como a Organização das Nações Unidas para a Educação, a Ciência e a Cultura (Unesco). A Unesco apresenta os **direitos culturais** como um enquadramento propício para a diversidade cultural, como pode ser analisado a seguir, na Declaração Universal sobre a Diversidade Cultural:

> Os direitos culturais são parte integrante dos direitos humanos, que são universais, indissociáveis e interdependentes. O desenvolvimento de uma diversidade criativa exige a plena realização dos direitos culturais, tal como os define o Artigo 27 da Declaração Universal de Direitos Humanos e os artigos 13 e 15 do Pacto Internacional de Direitos Econômicos, Sociais e Culturais. Toda pessoa deve, assim, poder expressar-se, criar e difundir suas obras na língua que deseje e, em particular, na sua língua materna; toda pessoa tem direito a uma educação e uma formação de qualidade que respeite plenamente sua identidade cultural; toda pessoa deve poder participar na vida cultural que escolha e exercer suas próprias práticas culturais, dentro dos limites que impõe o respeito aos direitos humanos e às liberdades fundamentais (UNESCO, 2002, documento on-line).

O Brasil é signatário de importantes atos normativos da Unesco, como é o caso da Declaração Universal sobre a Diversidade Cultural (UNESCO, 2002) e a Convenção sobre a Proteção e a Promoção da Diversidade e das Expressões Culturais (2005). O país reconhece os direitos culturais na Constituição Federal de 1988, no art. 215: "O Estado garantirá a todos o pleno exercício dos direitos culturais e acesso às fontes da cultura nacional, e apoiará e incentivará a valorização e a difusão das manifestações culturais" (BRASIL, 1988, documento on-line).

Os posicionamentos da Unesco e do Brasil evidenciam que os direitos culturais são cada vez mais reconhecidos como parte da nova geração de direitos humanos, bem como dos Estados democráticos. Assim, é importante conhecer o sentido de **cultura e diversidade** como expressão de cidadania e respeito pelo diferente; esses conceitos são associados e definem as relações sociais na contemporaneidade.

Para Sodré (2012), **cultura** pode ser definida como a totalidade das manifestações e formas de vida que caracterizam um povo. A **diversidade** é o reconhecimento do diferente, do diverso, do outro que não se assemelha a mim, ou seja, o reconhecimento da cultura do outro. Segundo o referido autor, a interpretação objetiva da cultura do outro requer alguns posicionamentos, como:

- rejeição do binarismo simplista das oposições radicais (direita/esquerda, culpa/inocência, etc.) porque essas posições limitam as formas abrangentes de compreensão do mundo;
- as posições divergentes são aspectos diferenciados da mesma razão, vistos como contraditórios à primeira vista;
- reconhecimento da cultura de um povo na produção de conhecimento, seja pela literatura, pela arte, pela música, entre outros aspectos.

Nesse sentido, a cultura deve ser entendida como algo dinâmico, com constantes processos de mudanças. Para Barroso (2017), os **processos culturais** são mudanças pelas quais as culturas passam, assimilando ou abandonando certos costumes, hábitos ou valores que identificam determinado povo. Os processos culturais também são resultados de interações diretas ou indiretas com outras culturas. Segundo Barroso (2017, p. 60), por meio dessas interações, "[...] aperfeiçoam-se elementos através de invenções e descobertas, copiam-se elementos culturais de outras sociedades, abandonam-se aspectos culturais considerados inadequados ao novo contexto e esquece-se de traços culturais aprendidos por meio das gerações".

É importante observar que as mudanças ou interações culturais não ocorrem de forma neutra, mas são determinadas por **relações de poder**. Ou seja, uma cultura dominante pode impor sua forma de organização a uma cultura dominada ou com exercício de poder menor. Nesse sentido, a **diversidade cultural** é um conceito característico das sociedades modernas, que influenciam diretamente nos processos culturais, fazendo necessárias constantes reflexões sobre sua prática.

Para Gomes (2014), a partir daí, instaura-se o **multiculturalismo**, que se apoia no apelo à tolerância e ao respeito para com a diversidade. Frente a isso, coloca-se um desafio: como trabalhar com as identidades culturais e a diversidade, incorporando-as, ao aceitar e conviver com as diferenças? Como lidar com manifestações culturais que não se encaixam harmoniosamente como peças de um quebra-cabeça?

A diversidade cultural, em síntese, é a diversidade de formas de ser humano. O único valor capaz de referenciar a diversidade cultural é a humanidade. Para Sodré (2017), é lógico que os indivíduos são diferentes, o problema está em aceitar o diverso no espaço de convivência e dar-se conta da **percepção de valor** que o outro traz como ser humano. Acompanhe um exemplo a seguir.

Exemplo

Projeto 7 bilhões de outros — Yann Arthus Bertrand
Yann Arthus Bertrand é um fotógrafo francês, idealizador do projeto "7 bilhões de outros". Sobrevoou o planeta, visitando 84 países e entrevistando 6.000 pessoas. O objetivo era retratar como as pessoas lidam com assuntos comuns a todos, como família, religião, felicidade, perdão, sonhos, primeiras lembranças, homens/mulheres,

> etc. Essa diversidade gerou um mosaico de narrativas. Acompanhe uma síntese de uma das entrevistas sobre o tema homens/mulheres:
>
>> Realidade que ainda perdura em muitos pontos do mundo, embora com enormes disparidades de região para região. Nas sociedades ocidentais cada vez mais se caminha para a igualdade entre sexos. Hoje as mulheres são predominantes em muitas áreas, e mesmo naquelas tradicionalmente masculinas já marcam forte presença. Basta recordar que Corinne Diacre tornou-se a primeira mulher a treinar uma equipe masculina profissional de futebol na França, depois de a portuguesa Helena Costa ter renunciado ao cargo. Também em casa as tarefas são partilhadas por ambos os elementos do casal e os filhos já não são um exclusivo da mulher. Aliás, o envolvimento do homem começa cedo, em muitos casos ainda durante a própria gravidez. Porém, em muitas partes do mundo tal realidade não sucede e a mulher continua vítima de descriminação, maus-tratos e violação de direitos básicos. Em pleno século XXI, ainda é o sexo mais fraco? (FEILER, 2015, documento on-line).

Cultura como condicionante da visão de mundo

Neste capítulo, você vai verificar o modo como a cultura condiciona a visão de mundo do indivíduo. Nesse sentido, o exemplo a seguir é baseado no filme *A Massai Branca*, uma autobiografia de Corine Hofmann. A narrativa apresenta a história de duas pessoas de culturas totalmente diferentes que buscam viver juntas. Segundo Oliveira e Carmo (2014), a história apresentada no filme *A Massai Branca* narra o relacionamento entre uma mulher branca europeia e um homem negro africano, guerreiro Samburu, habitante de Barsalo. Samburu se localiza no Quênia e faz parte dos pequenos grupos étnicos que compõem 19% das etnias minoritárias desse País. A tribo Samburu mora em cabanas adaptáveis e possui uma natureza seminômade.

Nessa narrativa, a mulher branca europeia abandona os costumes de uma cidade moderna e se insere na tribo Samburu, em um ambiente inóspito, onde os costumes locais desafiam os direitos humanos ocidentais. Ela presencia situações que lhe causam estranheza, em contraste com os costumes com que fora criada. A poligamia e a gerontocracia caracterizam esse grupo, sendo permitido ao homem casar-se com quantas mulheres puder sustentar e aos anciãos gerenciarem a estrutura social. Os homens têm a responsabilidade de cuidar do gado, e os mais fortes também são guerreiros que defendem a comunidade de ataques de outros grupos, sendo ainda os responsáveis pela invasão de outras terras de clãs rivais. As meninas, na tradição Samburu, são iniciadas no ritual de passagem, onde ocorre a retirada do clitóris na preparação para o casamento, geralmente com homens bem mais velhos, nos moldes tradicionais das suas antepassadas. A vida das mulheres Samburus, de acordo com a tradição, deve ser integralmente submissa ao pai e ao esposo.

O guerreiro Samburu, pelo qual a mulher europeia se apaixona, cresce nessa tradição tribal. As duas culturas entram em choque ao perceberem que o entendimento de assuntos comuns, como família, relação entre homens e mulheres, riqueza, entre outros, são tratados de modos distintos. As diferenças culturais de ambos, mulher europeia e guerreiro Samburu, evidenciam que a cultura produz filtros no modo de olhar e compreender o mundo. Essa história pode causar inicialmente certa estranheza ao espectador. O sociólogo alemão Norbert Elias, em suas obras, reflete sobre o comportamento de uma pessoa em outro contexto cultural que não o seu. A pessoa pode aceitar alguns costumes e considerar outros inadequados, como ocorreu na história narrada.

Para Elias e Scotson (2010), são as relações de poder que definem culturas dominantes e dominadas, superiores ou inferiores. Para os referidos autores, nos grupos dominantes, o grau de coesão interna e o controle comunitário podem desempenhar papel decisivo nas relações de forças entre uma cultura e outra. O indivíduo, frente a uma nova cultura ou sociedade, tende a percebê-la em primeiro momento como uma sociedade superior ou inferior à sua. Isso porque, para esse indivíduo, os seus costumes são a base para analisar as demais culturas.

Nesse sentido, para analisar uma outra sociedade, é necessário desfazer-se de preconceitos, convicções e julgamentos e considerar as diferenças de costumes presentes naquela sociedade. A antropóloga americana Ruth Benedict, nas suas diversas obras sobre cultura, reflete que cada cultura é um mundo em si, relativamente estável, como é o caso da tribo Samburu. A nossa civilização tem que lidar com padrões de cultura que declinam diante dos nossos olhos, enquanto surgem outros novos no horizonte.

Quanto a analisar o comportamento dos indivíduos em determinada cultura, Benedict (2013, p. 216) apresenta que a "[...] maioria dos nascidos numa sociedade adota o comportamento prescrito por essa sociedade. A maioria das pessoas é moldada conforme a sua cultura porque sua bagagem intelectual é maleável". Elas são adaptáveis à força modeladora da sociedade onde nasceram. Para Benedict (2013), a cultura é como uma lente através da qual o indivíduo vê o mundo. Indivíduos de culturas diferentes usam lentes diversas e, portanto, têm visões desencontradas das coisas. Portanto, o modo de ver o mundo, as apreciações de ordem moral e valorativa, os diferentes comportamentos sociais e mesmo as posturas corporais são, assim, produtos de uma herança cultural.

Para Elias e Scotson (2010, p. 195), "[...] muitas vezes, há quem fale como se as pessoas adquirissem do nada os valores que defendem [...]. O senso de valor dos seres humanos modifica-se de acordo com suas condições mutáveis de vida, e como parte dessas condições, de acordo com os progressos do saber humano". Se interessa conhecer uma cultura, é importante compreender que cada pessoa tem uma cultura e assume um padrão de pensamento relacionado a essa cultura. Para conhecer o significado de cada aspecto do comportamento escolhido, deve-se analisar o contexto das motivações, das emoções, dos valores institucionalizados e das funções das suas instituições, conforme leciona Benedict (2013).

> **Saiba mais**
>
> Ruth Benedict foi uma antropóloga americana, e os seus estudos influenciaram fortemente a análise das relações entre cultura e personalidade, sendo utilizados no campo das ciências sociais até os dias atuais. Em uma de suas pesquisas, analisou aspectos do Japão durante a Segunda Guerra Mundial, a fim de compreender a cultura japonesa e sua posição na guerra, diferente da posição dos Estados Unidos. Essa pesquisa resultou no livro *O crisântemo e a espada* (1946).

A tolerância em um mundo cada vez mais conectado

O reconhecimento da diversidade cultural, em espaços temporais distintos, é uma marca da sociedade contemporânea. O que se experimenta hoje é a intensificação de se fazer visível a diversidade, por exemplo, nos diversos gostos e costumes e nos diversos modos de pensar e propagar valores. Essa **visibilidade do diverso** se apresenta no cotidiano e desafia a convivência no que tange à tolerância.

Tolerância é um termo originário do latim *tolerare* que significa suportar, aceitar. No sentido moral, político e religioso, pressupõe a atitude de aceitar os diferentes modos de pensar, de agir e de se manifestar do outro. Em síntese, é o reconhecimento e o respeito pelo outro como um sujeito de direitos. Portanto, a ideia da tolerância assume valor ético e político, e, com base nela, todas as pessoas deveriam ser reconhecidas de forma igual e tratadas sem discriminação e violência, conforme apontam Carvalho e Faustino (2015).

Para os referidos autores, organismos internacionais como a Organização das Nações Unidas (ONU) e a Unesco tornaram-se responsáveis por **políticas públicas**, com base nos direitos humanos, de tolerância e respeito às diferenças culturais. Esses organismos internacionais recomendam em suas declarações métodos sistemáticos e racionais de ensino da tolerância.

A tolerância é um dos temas que ocupa a mesa dos debates urgentes no contexto do convívio social. Temos presenciado uma sociedade mais conectada e com mais acesso a informações, se comparada a outros tempos; porém, os níveis de informações falsas têm contribuído para aumentar os **níveis de intolerância** em relação ao outro. Fontes (2015) afirma que, para enfrentar a intolerância no contexto mundial, que chega ao seu ápice com as guerras, é necessário diálogo intercultural e compromisso da ONU, para, assim, eliminar todas as formas de autodestruição da humanidade.

Fique atento

Fake news é a divulgação em massa de notícias falsas. Esse movimento tem contribuído para alimentar atitudes de intolerância e comportamentos radicais. Para combater as *fake news*, escolas têm incluído em seu currículo aulas para orientar os alunos a identificar notícias falsas e para compreender o problema que essas notícias geram.

Em uma escola do Brasil, por exemplo, professores estão incrementando uma nova habilidade nos seus currículos. Não basta saber ler e interpretar texto; para eles, é preciso também avaliar a qualidade de uma informação, a veracidade de uma fonte e o quanto notícias falsas podem ser danosas para todos. Como instrumento, os professores trazem situações-problema para analisar com os alunos. Os alunos são instigados a se verem vivendo a situação, a buscar a fonte da informação e a verificar se essa fonte pode ser associada à produção de *fake news*.

A equipe diretiva da escola acredita que essa habilidade pode ser trabalhada já nos primeiros anos, visto que os alunos têm acesso à internet desde cedo. O resultado dessa iniciativa, segundo a escola, são alunos mais críticos frente às informações e com maior cuidado para não se deixarem enganar por situações duvidosas.

Nesse sentido, as conexões em rede oferecem enormes possibilidades de incrementar a participação cidadã e gerar maior diálogo entre a humanidade. Os meios de comunicação, responsáveis por conectar as pessoas e difundir informações, possuem o papel fundamental de favorecer o diálogo com debates livres e abertos. Com o intuito de propagar valores como a tolerância, o diálogo e o respeito, os meios de comunicação devem também ressaltar os riscos da indiferença e da expansão das ideologias e dos grupos intolerantes.

A educação tem um papel importante no sentido de conduzir ao diálogo e a tolerância. Ela é decisiva para aproveitar as imensas oportunidades que a conexão permanente e o acesso à base de dados oferecem. Isso pode se aplicar a todos os âmbitos da vida cotidiana. Trata-se de uma educação que forma pessoas com capacidade mental e autonomia para processar informações e aplicá-las a cada tarefa e projeto de vida, conforme leciona Fontes (2015).

Link

A individualidade é a base da cultura. É por meio da individualidade que estabelecemos os mais variados modos de conexão, seja nas relações físicas ou virtuais do cotidiano. Acesse o link ou código a seguir e assista a um vídeo sobre o indivíduo e a coletividade.

https://goo.gl/UUCqbR

Referências

BARROSO, P. F. Processos culturais: difusão cultural, aculturação e endoculturação. In: BARROSO, P. F.; BONETE, W. J.; QUEIROZ, R. Q. M. (Org.). *Antropologia e cultura*. Porto Alegre: SAGAH, 2017.

BENEDICT, R. *Padrões de cultura*. Petropólis: Vozes, 2013.

BRASIL. Constituição da República Federativa do Brasil de 1988. *Diário Oficial da União*, Brasília, DF, 1988. Disponível em: <http://www.planalto.gov.br/ccivil_03/constituicao/constituicao.htm>. Acesso em: 18 jan. 2019.

CARVALHO, E. J. G.; FAUSTINO, R. C. Tolerância e diversidade: dos princípios liberais clássicos à política educacional dos anos de 1990. *Horizontes*, v. 33, nº. 2, p. 67–80, jul. 7 dez. 2015. Disponível em: <https://revistahorizontes.usf.edu.br/horizontes/article/view/257>. Acesso em: 18 jan. 2019.

ELIAS, N.; SCOTSON, J. L. *Os estabelecidos e os outsiders:* sociologia das relações de poder a partir de uma pequena comunidade. Rio de Janeiro: Jorge Zahar, 2010.

FEILER, C. +*Cultura:* 7 bilhões de outros. Nossa Causa, 2015. Disponível em: <http://nossacausa.com/cultura-7-bilhoes-de-outros/>. Acesso em: 18 jan. 2019.

FONTES, M. Manuel Castells: a comunicação em rede está revitalizando a democracia. *Fronteiras do Pensamento*, 2015. Disponível em: <https://www.fronteiras.com/entrevistas/manuel-castells-a-comunicacao-em-rede-esta-revitalizando-a-democracia>. Acesso em: 18 jan. 2019.

GOMES, W. W. A diversidade cultural e o direito a igualdade e a diferença. *Revista Observatório da Diversidade Cultural*, v. 1, nº. 1, p. 141–151, 2014. Disponível em: <http://www.observatoriodadiversidade.org.br/revista/edicao_001/Revista-ODC-001-11.pdf>. Acesso em: 18 jan. 2019.

OLIVEIRA, E. P. B.; CARMO, E. F. Antropologia jurídica: cultura e direito no filme Massai Branca. *Revista Jus Navigandi*, Teresina, ano 19, nº. 3915, 2014. Disponível em: <https://jus.com.br/artigos/27006/antropologia-juridica-cultura-e-direito-no-filme-a-massai-branca>. Acesso em: 18 jan. 2019.

SODRÉ, M. *Reinventando a educação:* diversidade, descolonização e redes. Petrópolis: Vozes, 2012. Disponível em: <https://books.google.com.br/books/about/Reinventando_a_Educa%C3%A7%C3%A3o.html?id=cdobBAAAQBAJ&printsec=frontcover&source=kp_read_button&redir_esc=y#v=onepage&q&f=false>. Acesso em: 18 jan. 2019.

UNESCO. *Convenção sobre a proteção e promoção da diversidade das expressões culturais.* Paris, 2005. Disponível em: <http://www.ibermuseus.org/wp-content/uploads/2014/07/convencao-sobre-a-diversidade-das-expressoes-culturais-unesco-2005.pdf>. Acesso em: 18 jan. 2019.

UNESCO. *UNESCO Universal declaration on cultural diversity.* Paris: UNESCO, 2002. Disponível em: <http://unesdoc.unesco.org/images/0012/001271/127160por.pdf>. Acesso em: 18 jan. 2019.

Leitura recomendada

ARAKAKI, F. F. S. Constituição federal e direitos humanos. In: ARAKAKI, F. F. S.; VIEIRO, G. M. (Org.). *Direitos humanos*. Porto Alegre: SAGAH, 2018.

Promoção da igualdade de gênero e de orientação sexual

Objetivos de aprendizagem

Ao final deste texto, você deve apresentar os seguintes aprendizados:

- Relacionar o conceito de gênero aos significados estabelecidos pela cultura.
- Contrastar os conceitos de sexo biológico, gênero, identidade e orientação sexual.
- Analisar os conceitos de gênero e de orientação sexual à luz da ideologia.

Introdução

Discussões a respeito de gênero e sexualidade são frequentes na atualidade. As opiniões são bastante divergentes, e muitos lutam com unhas e dentes para defender o seu ponto de vista. A ciência, a religião, a filosofia, a sociologia, etc., são algumas das áreas que disputam o direito de discorrer sobre o tema, dando origem aos discursos essencialistas, naturalizantes, biologizantes, sócio-histórico-críticos, etc.

Neste capítulo, você vai estudar como o conceito de gênero está relacionado à cultura e como os discursos disputam o espaço político de promoção da igualdade de gênero ou da manutenção do *status quo*. Por fim, você vai identificar as diferenças entre os conceitos de gênero, sexo biológico e orientação sexual.

Estudos histórico-culturais e a problematização do gênero

Os estudos culturais emergiram na Inglaterra nos anos 1960 e se constituem em um campo de teorização e investigação da cultura. Tais pesquisas aparecem como uma crítica à cultura elitista e tradicional, que classifica e contrasta a alta cultura e a cultura de massa, a cultura burguesa e a cultura operária, a cultura erudita e a cultura popular.

Stuart Hall, um dos autores que analisam os estudos culturais, afirma que a importância de tais estudos está relacionada com a crítica à cultura tradicional, elitista e segregacionista, que emerge desse campo de análise. Segundo Costa, Silveira e Sommer (2003, documento on-line), para os estudos culturais:

> [...] as sociedades capitalistas são lugares da desigualdade no que se refere a etnia, sexo, gerações e classes, sendo a cultura o *locus* central em que são estabelecidas e contestadas tais distinções. É na esfera cultural que se dá a luta pela significação, na qual os grupos subordinados procuram fazer frente à imposição de significados que sustentam os interesses dos grupos mais poderosos.

A partir dessa visão, os autores alertam que "[...] a cultura não pode mais ser concebida como acumulação de saberes ou processo estético, intelectual ou espiritual" (COSTA; SILVEIRA; SOMMER, 2003, documento on-line), concepção de cultura vigente do século XVIII até o século XX. A partir do século XXI, houve uma expansão de tudo o que estava associado à cultura, que passou, então, a ser compreendida como um vasto campo, que afeta e é constituído por todos aspectos da vida social, conforme apontam Costa, Silveira e Sommer (2003).

Hall (2014) explica que a **cultura nacional** atua em uma dinâmica de inserir os indivíduos de uma mesma nacionalidade, não se importando com as categorias de classe, gênero ou raça, a fim de unificá-los em uma mesma identidade cultural. Contrariamente à essa ideia, o autor sugere que se deve levar em conta a estrutura de poder cultural, não pensar que a cultura é uma esfera leal de união e identificação simbólica. Ainda conforme Hall (2014, p. 36):

> Em vez de pensar as culturas nacionais como unificadas, deveríamos pensá-las como constituindo um dispositivo discursivo que representa a diferença como unidade ou identidade. Elas são atravessadas por profundas divisões e diferenças internas, sendo "unificadas" apenas através do exercício de diferentes formas de poder cultural.

É nesse emaranhado cultural que devem ser colocadas as discussões sobre as **desigualdades**, baseadas em diferenças de classe social, raça, gênero e orientação sexual, que estão cada vez mais presentes nos debates atuais. Enfatizando essa ideia, Silva (1999, p. 14) argumenta que "[...] as relações de gênero moldam os sujeitos sociais que compõem o cenário da diversidade sexual e são categorias de análise que devem ser levados aos diversos espaços públicos a fim de fomentar discussões e debates a respeito dos mesmos".

Portanto, cultura, identidade e práticas sociais estão correlacionadas, pois toda prática possui um significado cultural. Nesse sentido, Hall (2014, p. 33) afirma que "[...] consequentemente, a cultura é uma das condições constitutivas de existência dessa prática, que toda prática social tem uma dimensão cultural".

De acordo com as investigações realizadas por Michel Foucault (1988 apud DREYFUS; RABINOW, 2010, p. 221), "[...] a sexualidade emergiu como componente central numa estratégia de poder que, de forma eficaz, juntou o indivíduo e a população através da expansão do biopoder". Foucault argumenta que, a partir do século XVII, no Ocidente, emergiu uma forma de poder que possui por objeto central a administração da vida biológica. É nessa sociedade que o pensador localiza o **dispositivo de sexualidade**, que diz respeito à ligação da verdade do sujeito (identidade) ao sexo, "[...] ao sexo-história, ao sexo-significação, ao sexo-discurso" (FOUCAULT, 1988, p. 88).

Nesse sentido, estabeleceu-se, por um lado, a **sexualidade livre** e, por outro, aquela que é controlada e vigiada. O pensador sustenta que houve nas sociedades ocidentais uma ligação do sexo com a identidade, fazendo com que o sexo fosse o fator que diz a verdade sobre os sujeitos, sobre quem eles são. O sexo foi transformado pelo poder a partir do discurso, do exame, da confissão e do controle no centro da existência humana, segundo Foucault (1979).

A partir dessa concepção, podemos definir o sexo como uma construção histórica, "[...] e não um referente biológico subjacente", conforme apontam Dreyfus e Rabinow (2010, p. 221). Portanto, a categoria de sexo é da ordem da normatividade, pois atua na esfera da **regulação dos corpos** de uma determinada sociedade. Desse ponto de vista, a sexualidade funciona a partir de uma óptica de poder, que produz identidades, categorias e corpos que são governados.

O conceito de **gênero** apareceu pela primeira vez, no campo clínico, quando o psiquiatra Robert Stoller publicou, em 1968, o livro *Sexo e gênero*. Na obra, conforme comenta Safatle (2015, p. 174):

> [...] o psiquiatra procurava descrever as dinâmicas de construção de identidades de gênero através da articulação entre processos sociais, nomeação familiar e questões biológicas. Tratava-se de insistir em um regime próprio de for-

mação das identidades sexuais, para além de seu vínculo estrito à diferença anatômica de sexo, embora Stoller não estivesse disposto a abandonar toda e qualquer referência à biologia.

Corroborando a ideia de que as relações de gênero delineiam os sujeitos sociais, Silva (1999, p. 133) situa a **produção de gênero** na esfera cultural como:

> [...] um campo de produção de significados no qual os diferentes grupos sociais, situados em posições diferenciais de poder, lutam pela imposição de seus significados à sociedade mais ampla. [...] A cultura é um campo onde se define não apenas a forma que o mundo deve ter, mas também a forma como as pessoas e os grupos devem ser.

As diferenças que a cultura confere em relação ao gênero são abordadas por Silva (2013), que aponta que, desde o nascimento, meninos e meninas são direcionados(as) para uma determinada posição, com respectivas funções. Nessa linha, conforme aponta Silva (2013, p. 14):

> [...] meninas usam roupas "rosas"; meninos, "azuis" [...] Durante o desenvolvimento cognitivo, ambos são educados a brincar de "boneca" ou de "carrinho"; de "panelinha" ou de "futebol", demarcando a "delimitação do espaço" de cada um, ou seja, a "boneca" (personificação de um bebê de colo, do ato da maternidade) e a "panelinha" (a "cozinha") assim como o "carrinho" ("homem" ao volante) e o "futebol" (esporte "de homem") influenciam e reforçam a ideologia que reproduz a "submissão" feminina e a sobreposição masculina no *status quo* que designa a decodificação dos "papéis sociais" e as atitudes "inconscientes" [...].

Ou seja, a produção do gênero acontece mediante práticas sociais, que, por sua vez, recebem um significado. Tais práticas obedecem a um padrão de comportamento que os gêneros devem seguir de acordo com a sua cultura. Os papéis sociais de meninos e meninas começam em casa, mas seguem na escola, onde ambos convivem, mas possuem diferentes espaços territoriais. Por exemplo, os espaços lúdicos cobrem a função de determinar quais atividades pertencem ao menino e quais pertencem à menina. O teatro, a dança e os esportes não são disputados de forma igual pelos gêneros, conforme aponta Silva (2013, p. 14):

> Se uma menina se inscreve no time de futebol ou um menino no grupo de dança, a "normalidade" é vista de forma pejorativa, "instintivamente" preconceituosa, ferindo de maneira ampla a "feminilidade" e a "masculinidade" indicada como regra, e a partir desse juízo de valor — e de outros —, criam-se estigmas, fofocas, rótulos, duvidas, depreciações e julgamentos sem precedentes.

Nesse sentido, pode-se dizer que o processo de reprodução de gênero e de afirmação da posição do homem e da mulher na sociedade é uma condição comportamental que confere a posição que cada um possui na esfera social. Enquanto construção cultural, o gênero é concebido como "[...] o conjunto de crenças, prescrições e atribuições que são construídas socialmente tomando a diferença sexual como base", conforme leciona Lamas (2007, documento on-line).

Essa construção do gênero preenche toda a vida do ser humano, desde a vida escolar até a vida profissional, em que, culturalmente, as profissões atribuídas à mulher são diferentes das atribuídas ao homem, assim como as tarefas do lar também não são divididas de forma igualitária. Tradicionalmente, a mulher é encarregada de manter a casa, cozinhar, limpar, enquanto o homem é encarregado das tarefas de montar os móveis, furar a parede, mexer com eletricidade, fazer a manutenção da casa — atividades pontuais e esporádicas.

Gênero e identidade sexual: uma construção cultural?

Diferentemente das categorias de classe social e etnia, gênero é uma categoria criada recentemente e o seu uso não está generalizado, conforme sustenta Lamas (1996). Os seus antecedentes se encontram na filósofa Simone de Beauvoir, que, na obra *O segundo sexo* (1949), sustentava que mulher não era uma condição natural, mas uma **construção social**. Para Beauvoir (1967, documento on-line), "Nenhum destino biológico, psíquico, econômico define a forma que a fêmea humana assume no seio da sociedade; é o conjunto da civilização que elabora esse produto intermediário entre o macho e o castrado que qualificam de feminino". Portanto, Beauvoir (1967) traz presente para a discussão acerca do gênero a renúncia ao essencialismo; isto é, a condição biológica como fator dominante do ser mulher.

Para Beauvoir (1967, documento on-line), "[...] não se nasce mulher: torna-se mulher". O tornar-se é um processo que acontece na civilização por meio de práticas que moldam o comportamento e a posição da mulher na sociedade. Nesse sentido, usa-se o conceito de gênero "[...] para explicar as relações sociais entre pessoas de sexos diferentes, assim como a variedade de sentidos atribuídos a diferenças existentes em várias culturas e sociedades", conforme lecionam Zauli et al. (2013, documento on-line). Isso significa afirmar que os papéis de homem e de mulher são determinados pela cultura, não pela biologia ou por uma essência que define os dois sexos.

Nesse viés, gênero diz respeito às características sociais, psíquicas e históricas das pessoas, enquanto o sexo é revelado no nascimento e remete à distinção biológica entre machos e fêmeas. Conforme Zauli et al. (2013, documento on-line), "[...] o gênero é aprendido durante a vida, é gerado pela socialização, pelo acesso de homens e mulheres a diferentes experiências e remete à distinção cultural entre os papéis sociais — as características psicológicas e as identidades de mulheres e homens — estabelecidos nas diversas culturas".

A partir dessa definição, a afirmação de Beauvoir (1967) de que não se nasce mulher, mas torna-se mulher, pode ser estendida para outros gêneros também. Trata-se de conceitos que se formam com o processo de **socialização** dos indivíduos em uma determinada cultura; ou seja, são produções históricas que se fazem a partir de práticas sociais. Dessa forma, percebe-se que a filosofia de Beauvoir, que enfoca o aspecto social da formação do feminino, influenciou diretamente a segunda onda do pensamento feminista.

Piscitelli (2002) argumenta que, na **primeira onda do pensamento feminista**, isto é, no século XIX, o movimento feminista lutava por direitos iguais à cidadania, pressupondo a igualdade entre os sexos; essa luta impulsionou uma mobilização feminina importante na Europa e na América do Norte. Uma das conquistas dessa batalha se deu entre os anos 1920 e 1930 e resultou no direito ao voto, à propriedade e ao acesso à educação, conforme aponta Piscitelli (2002). Esse momento foi marcado como a primeira onda do feminismo.

Mas, "[...] se a subordinação da mulher não é justa, nem natural, como se chegou a ela e como se mantém?", questiona Piscitelli (2002, p. 2). A fim de dar uma resposta a essa questão, o movimento feminista iniciou a sua **segunda onda**. Piscitelli argumenta que o conceito de gênero se difundiu a partir de um ensaio da antropóloga Gayle Rubin, em 1975. No ensaio intitulado "O tráfico de mulheres: notas sobre a economia política do sexo", a autora investiga as causas da subordinação da mulher. A fim de responder tal questão, a antropóloga estabelece o sistema sexo/gênero. Para a autora, "[...] esse sistema é o conjunto de arranjos através dos quais uma sociedade transforma a sexualidade biológica em produtos da atividade humana" (PISCITELLI, 2009, p. 136). A passagem da fêmea para a mulher domesticada se dá nas relações sociais que atravessam a natureza e a cultura. Nesse sentido, podemos localizar a segunda onda do feminismo no final dos anos 1960, enfatizando a construção social de gênero.

Já a **terceira onda feminista** se inicia entre os anos 1970 e 1980, e sua contribuição é livrar-se da categoria universal de gênero binário (masculino/feminino) e expandir a problematização, recortar o gênero, a fim de analisá-lo a partir das categorias de classe social, raça, etnia e diversidades sexuais. Atualmente, sustenta Piscitelli (2009, p. 142), "[...] as novas leituras de gênero se esforçam radicalmente para eliminar qualquer naturalização na noção de diferença sexual".

A antropóloga pondera que novas contestações podem ser feitas em relação ao gênero e ao sexo. Pois, se o gênero é percebido como cultural, por que o sexo é considerado como algo fixo, natural? A partir dos anos 1980, "[...] as feministas começam a questionar o processo histórico ao longo do qual se passou a pensar que o 'sexo' e a 'natureza' seriam elementos fixos, anteriores à cultura", conforme aponta Piscitelli (2009, p. 142). Nesse sentido, vale lembrar as pesquisas de Judith Butler, que contesta essas posições no livro *Problemas de gênero*, de 1990. Nessa nova leitura que é feita sobre o gênero, considera-se que a distinção entre masculino e feminino não dá conta dos significados de gênero.

A **nova política de gênero** foi um importante momento que se deu nos anos 1990 e 2000, tendo influenciado antropólogos, filósofos, historiadores da ciência a pensarem a questão do gênero para além do binarismo. A nova política de gênero resultou do movimento de reivindicação de direitos sexuais (que, na sua agenda, incorpora a questão do gênero), que passou a englobar os intersexos, os transexuais e os travestis. Ou seja, não tratava mais apenas da diferença entre homens e mulheres na sociedade, como outrora o movimento feminista (de segunda geração) pleiteava — abria-se um campo maior.

Para entender melhor do que estamos falando, é necessário recorrer a Judith Butler, citada anteriormente. Em *Problemas de gênero*, a autora concorda com grande parte das feministas que dizem que o gênero é socialmente construído. No entanto, afirma a autora, deve-se ter em mente que o corpo não é um mero instrumento passivo, em que a cultura vai implementar uma série de significados. "Não se pode dizer que os corpos tenham uma existência significável anterior à marca do seu gênero", conforme aponta Butler (2003, p. 27).

Fique atento

Entre os questionamentos que Butler (2004) traz, a fim de discutir a questão, destacamos o seguinte: como as normas constitutivas do gênero podem fazer-nos ou desfazer-nos como sujeitos? Nessa perspectiva, a filósofa defende que o sexo depende de configurações sócio-históricas, pois ele é um conceito sociocultural, um efeito de uma concepção que se dá dentro de um sistema social já marcado pela normativa de gênero. A ideia de sexo como algo natural se configurou dentro da lógica do binarismo de gênero.

Butler (2004, p. 17) vai além e apresenta duas outras questões: "Existe algum modo de vincular a questão da materialidade do corpo com a performatividade do gênero? E, que lugar ocupa a categoria do 'sexo' em semelhante relação?". Para Butler (2004, p. 18), o sexo "[...] é uma construção ideal que se materializa obrigatoriamente através do tempo. Não é uma realidade simples ou uma condição estática de um corpo, mas um processo mediante o qual as normas reguladoras materializam o 'sexo' e conseguem isso graças à reiteração forçada de tais normas".

Além de dizer que as normas reguladoras materializam os corpos, Butler também traz a ideia de **performatividade de gênero**, o que torna a discussão mais ampla (BUTLER, 2004). Diante desse referencial teórico, o termo **transtorno** se direciona para uma perspectiva em que o sujeito é governado, a partir do discurso científico (médico e psiquiátrico) e por práticas sociais de assujeitar os corpos aos padrões de comportamento aceitos. Dessa forma, há uma produção de subjetividades que respondem, ou não, à norma estabelecida no âmbito social.

Muitos cientistas sociais, diz a autora, referem-se ao gênero como um fator ou dimensão da análise, aplicado a pessoas reais como uma marca de diferença biológica, linguística ou cultural. Nesses últimos casos, o gênero pode ser compreendido como um significado assumido por um corpo já diferenciado sexualmente, conforme aponta Butler (2003). Gênero, afirma Butler (2003, p. 37):

> [...] é uma complexidade cuja totalidade é permanentemente protelada, jamais plenamente exibida em qualquer conjuntura considerada. Uma coalizão aberta, portanto, afirmaria identidades alternativamente instituídas e abandonadas, segundo as propostas em curso; tratar-se-á de uma assembleia que permita múltiplas convergências e divergências, sem obediência a um telos normativo e definidor.

Para Butler (2003), a identidade de gênero se constrói performativamente por expressões. De forma contrária a isso, o gênero se constitui em nossa sociedade como uma "[...] estilização repetida do corpo, um conjunto de atos repetidos no interior de uma estrutura reguladora altamente rígida, a qual se cristaliza no tempo para produzir a aparência de uma substância, de uma classe natural do ser", conforme aponta Butler (2003, p. 59).

Embora as lutas políticas dos movimentos feministas e dos movimentos da nova política de gênero busquem acesso à suas reivindicações, sabe-se que há uma reação frente a tais movimentos. Mesmo que haja historiadoras da ciência, antropólogas e filósofas que defendam que sexo e gênero são resultados de convenções sociais, deve-se acrescentar que há discursos que defendem o contrário.

Sabe-se que é a partir do discurso médico, por exemplo, que se constitui uma existência como anormal ou não — tal discurso estabelece os fundamentos de uma verdade sobre tal sujeito. É por meio dos discursos científicos, por exemplo, que se estabelecem modelos "[...] de suposta coerência entre sexo biológico e gênero cultural como marco de normalidade e saúde", conforme lecionam Bento e Pelucio (2012, documento on-line). A mesma autora afirma que a consolidação da verdade sobre os corpos, o desejo e os gêneros são determinados por áreas do saber, como a medicina e a psiquiatria (BENTO; PELUCIO, 2012).

Safatle (2015), ao abordar a importância dos estudos de Butler para os estudos de gênero, assinala dois fenômenos centrais em que aparecem os estudos da filósofa norte-americana. Um deles é a ascensão, a partir dos anos 1970, das lutas políticas de reconhecimento do que fora visto até então como socialmente minoritário, enquanto marcado como minoridade social — gays, mulheres, negros, travestis. Em segundo lugar, um dos impactos de tais lutas foi a modificação das fronteiras clínicas entre normal e patológico. Essa mudança de fronteiras entre o normal e o patológico trouxe consequências para os padrões de racionalidade social, conforme aponta Safatle (2015, p. 177):

> O desaparecimento do homossexualismo como categoria da perversão sexual, a partir do DSM III [Manual Diagnóstico e Estatístico de Doenças Mentais], por exemplo, impulsionou a modificação paulatina da sensibilidade social para problemas de gênero, mesmo que a psiquiatria ainda defina quadros de "transtornos de gênero".

A medicina e a psiquiatria, na atual edição do CID-11 (Classificação Internacional de Doenças), identificam a **transexualidade** não mais como um transtorno, mas a condições relacionadas à saúde sexual, passando a ser classificada como incongruência de gênero (SAFATLE, 2015).

Porém, há uma reação que se vale de discursos religiosos e científicos para fazer crítica à teoria de gênero, denominando-a **ideologia de gênero**. Para esse grupo, os objetivos do movimento da ideologia de gênero visam a uma luta contra os homens, contra a família e contra a maternidade. Podemos citar como exemplo a obra de Dale O'Leary, *The gender agenda* (*Agenda de gênero*), de 1997. Na obra, a autora aponta que o movimento feminista substituiu o termo sexo pelo termo gênero, desenvolvendo uma ideologia de gênero (O'LEARY, 1997).

O'Leary resume que a ideologia de gênero consiste em promover a liberação sexual, defender o aborto e dissolver a instituição familiar. A mesma autora aponta para a Organização das Nações Unidas (ONU) como um órgão que se utiliza de seus recursos e de seu prestígio para promover a perspectiva de gênero nas agendas das políticas dos países de terceiro mundo. Dessa forma, a agenda promovida pela ideologia de gênero é contra a vida, pois a defesa dos direitos sexuais, para O'Leary, nada mais é do que a defesa do aborto e o reconhecimento do lesbianismo e da liberdade sexual para adolescentes e dos bancos de esperma para lésbicas e pessoas não casadas. Os direitos humanos, argumenta a autora, são padrões que responsabilizam a todos, e eles não podem ser expandidos para servirem a agendas ideológicas (O'LEARY, 1997). Do ponto de vista de O'Leary, o movimento feminista, ao promover a noção de gênero como construção social, afirma que masculino e feminino não são naturais.

Porém, em uma matéria do site BBC, Ambrosino (2017, documento on-line) sugere que a **heterossexualidade**, enquanto "[...] uma manifestação de paixão sexual por alguém do sexo oposto", é uma construção social. Tal concepção de heterossexualidade só pode ser encontrada a partir de 1934. Foi a partir dessa data que a heterossexualidade passou a ser encontrada em alguns dicionários médicos. Em 1901, afirma Ambrosino (2017, documento on-line), o dicionário médico Dorland, por exemplo, definia a heterossexualidade como "[...] um apetite anormal ou pervertido em relação ao sexo oposto".

Bento e Pelucio (2012) defendem que, na concepção biologizante das identidades de gênero, a heterossexualidade natural dos corpos é interpretada como o momento do encontro, a complementaridade essencial de duas espécies naturalmente (e radicalmente) diferentes: homens e mulheres. Em consonância a essa linha de raciocínio, vale lembrar que Jonathan Katz, em 1996, escreveu um livro intitulado *A invenção da heterossexualidade*, em que o autor afirma que a heterossexualidade não é um dado natural, mas uma convenção social histórica (KATZ, 1996). Esse discurso naturalizante para os gêneros é uma tentativa que disputa os significados para o masculino e o feminino, mas esses significados não se dão apenas em uma esfera de descrição e conceituação do que é e o que não é. Trata-se de disputas políticas, relações de poder que dizem respeito a formas de governo, ou seja, como governar tais sujeitos. Nesse sentido, Duggan (1996, p. 193–194) aponta que:

> [...] quando as feministas nos Estados Unidos começaram a contestar a crença de que as mulheres são naturalmente diferente dos homens de modo que justificasse as desigualdades sistemáticas, foram ridicularizadas; Quando os afro-americanos contestaram a escravatura e, no final do século passado, lutaram por igualdade política, foram atacados com evidências científicas de que os negros eram biológica e culturalmente diferentes dos brancos de modo que justificavam um tratamento desigual.

Levando em conta esse contexto, pode-se concluir que falar de gênero e orientação sexual é falar de política, é falar de **relações de poder** que atuam nas sociedades e disputam o espaço político.

> **Saiba mais**
>
> **Você sabe o que é ideologia? E o que é gênero?**
> Segundo Norberto Bobbio (1986), ideologia compreende duas percepções. Na primeira acepção, mais usada, ideologia é um conceito neutro. Significa um sistema de crenças políticas: um conjunto de ideias e valores acerca da ordem pública, com a função de orientar os comportamentos políticos coletivos. A segunda acepção deriva de Marx: ideologia como falsa consciência das relações de dominação de classe. Portanto é um conceito negativo que denota mistificação socialmente determinada.
>   Gênero não é o mesmo que sexo — ou seja, sexualidade, gênero, identidade de gênero e orientação sexual são conceitos distintos. Gênero diz respeito a um conceito complexo que diz respeito à identidade, seja ela individual ou social, e sua estrutura de organização social e de dominação simbólica. Para o pensamento feminista, o gênero diz respeito a uma construção que acontece no plano social e que atinge o ser humano em sua individualidade.
>   Já o conceito de orientação sexual, de acordo com os Princípios de Yogyakarta, refere-se à capacidade de cada pessoa de ter uma profunda atração emocional, afetiva ou sexual por indivíduos de gênero diferente, do mesmo gênero ou de mais de um gênero, assim como ter relações íntimas e sexuais com essas pessoas (ORGANIZAÇÃO DAS NAÇÕES UNIDAS, 2006).

O que está em jogo quando se discute ideologia de gênero?

Miskolci e Campana (2017), no texto intitulado "Ideologia de gênero: notas para a genealogia de um pânico moral contemporâneo", salientam que o combate à chamada "ideologia de gênero" ganha cada vez mais terreno em escala global. Não apenas na Europa, mas na América Latina, a agenda anti-ideologia de gênero ganha espaço nas igrejas, nas praças públicas — onde são realizadas manifestações sociais contra possíveis modificações nas legislações, no que diz respeito aos direitos reprodutivos —, nas escolas, nos parlamentos e em museus de arte. Na América Latina, as discussões de gênero giram em torno da saúde reprodutiva das mulheres, da educação sexual ou do reconhecimento de identidades não heterossexuais, entre outras questões, conforme apontam Miskolci e Campana (2017).

Mas, por que tantas manifestações acerca do tema? Parece curioso que os temas que tratam da sexualidade sejam colocados em discussão no que tange aos aspectos político e moral das sociedades. Na perspectiva de encontrar as origens das ideias que sustentam a existência de uma "ideologia de gênero", Miskolci e Campana (2017) afirmam que é no seio da Igreja Católica que deve ser encontrada tal origem.

Em 1997, o então cardeal Joseph Aloisius Ratzinger escreveu um livro denominado *O sal da terra*. Na obra, Ratzinger (1997) contextualiza a situação da Igreja Católica Romana no mundo e os desafios que a aguardam. O autor sugere que o mundo estaria passando por uma revolução filosófica, uma transformação cultural em que podem ser identificados três fenômenos culturais que desafiam a Igreja:

- a teologia da libertação;
- a ideologia do feminismo;
- os desafios da enculturação.

Esses três fenômenos do mundo global lançam um desafio à Igreja. Conforme Ratzinger (1997, p. 64), "As convicções e as formas de conduta que a Igreja Católica aconselha seriam mais profundas do que os diversos giros e modos de comunicação propagados pelos meios de comunicação". Diante dessa preocupação por parte da Igreja, parece claro que há uma **disputa cultural** em transe. E parece ser em torno das questões de sexualidade, que engloba a discussão de gênero, que há um conflito entre diferentes entendimentos sobre diversas questões que se atravessam nos campos moral, político e religioso.

O **feminismo** é destacado por Ratzinger (1997) como uma das correntes ideológicas divergentes, que fazem frente ao poder hegemônico cultural-religioso da Igreja Católica Romana. Ainda conforme Ratzinger (1997, apud MISKOLCI; CAMPANA, 2017, documento on-line):

> Atualmente se considera a mulher como um ser oprimido; assim que a liberação da mulher serve de centro nuclear para qualquer atividade de liberação tanto política como antropológica com o objetivo de liberar o ser humano de sua biologia. Se distingue então o fenômeno biológico da sexualidade de suas formas históricas, às quais se denomina "gender" [gênero], mas a pretendida revolução contra as formas históricas da sexualidade culmina em uma revolução contra os pressupostos biológicos. Já não se admite que a "natureza" tenha algo a dizer, é melhor que o homem possa moldar-se ao seu gosto, tem que se libertar de qualquer pressuposto de seu ser: o ser humano tem que fazer a si mesmo segundo o que queira, apenas desse modo será "livre" e liberado. Tudo isso, no fundo, dissimula uma insurreição do homem contra os limites que leva consigo como ser biológico. Se opõe, em seu extremo último, a ser criatura. O ser humano tem que ser seu próprio criador, versão moderna de aquele "serei como deuses": tem que ser como Deus.

Miskolci e Campana (2017, documento on-line) consideram esse parágrafo do texto de Ratzinger (1997) como a peça-chave "[...] para começar a desenhar uma contraofensiva político-discursiva poderosa contra o feminismo e sua proposta de reconhecimento e avanço em matéria de direitos sexuais e reprodutivos". Prosseguindo o argumento que identifica o discurso religioso como o operador do combate à "ideologia de gênero", Miskolci e Campana (2017, documento on-line) apontam a "Carta às Mulheres", do então Papa João Paulo II, em que o religioso se refere à "[...] necessidade de defender a identidade feminina desde uma perspectiva essencialista". Alguns anos depois, na "Carta aos bispos", de 31 de maio de 2004, o mesmo Papa se manifestava contra o discurso feminista, "[...] reiterando que a maternidade era um elemento-chave da identidade feminina", conforme apontam Miskolci e Campana (2017, documento on-line).

A importância de apontar para o texto de Ratzinger como o marco inicial de uma contraofensiva cultural contra os discursos feministas se deve ao fato de que, no ano de 1995, a ONU organizou a IV Conferência Mundial sobre a Mulher, em Pequim (China). Nessa conferência, o termo mulher era substituído por gênero. Na Conferência, ficava estabelecido que "[...] todas as políticas e instituições econômicas [dos governos e da comunidade internacional], assim como aqueles encarregados de conceder recursos devem adotar uma perspectiva de gênero" (DECLARAÇÃO E PLATAFORMA DE AÇÃO DE BEIJING, 1995, apud MISKOLCI; CAMPANA, 2017, documento on-line).

Ao introduzir o conceito de gênero em vez de mulher, reconhecia-se que a **desigualdade da mulher** "[...] é um problema estrutural e só pode ser abordada de uma perspectiva integral de gênero", conforme apontam Miskolci e Campana (2017, documento on-line). Isso significa que, ao inserir a categoria de gênero no centro do debate, em vez da categoria mulher, a discussão passava do âmbito metafísico, em que se discute qual seria a essência do feminino, sua natureza, para a possibilidade de "[...] problematizar as relações entre sexo, identidade e política", conforme leciona Safatle (2015, p. 174).

Porém, a noção de "ideologia de gênero" só aparece de forma clara nas discussões da Igreja Católica latino-americana em sua V Conferência Geral do Episcopado Latino-Americano e do Caribe (Celam), de 2007, no "Documento de Aparecida", conforme apontam Miskolci e Campana (2017). Na seção vinculada à realidade que atravessa a região, é clara a preocupação em relação às demandas de cidadania por homossexuais, quando se afirma o seguinte:

> 40. Entre os pressupostos que enfraquecem e menosprezam a vida familiar, encontramos a ideologia de gênero, segundo a qual cada um pode escolher sua orientação sexual, sem levar em consideração as diferenças dadas pela natureza humana. Isso tem provocado modificações legais que ferem gravemente a dignidade do matrimônio, o respeito ao direito à vida e a identidade da família (V CONFERÊNCIA GERAL DO EPISCOPADO LATINO-AMERICANO E DO CARIBE, 2007, documento on-line).

Assim, a defesa do **conceito tradicional de família** é colocada no eixo central como forma de combate à ideologia de gênero. No capítulo intitulado "Outros campos prioritários", cujo objetivo é levar a ação da Igreja adiante, a fim de renová-la, a família é descrita como "[...] 'patrimônio da humanidade', constitui um dos tesouros mais importantes dos povos latino-americanos. Ela foi e é escola da fé, palestra de valores humanos e cívicos, lar em que a vida humana nasce e é acolhida generosa e responsavelmente" (V CONFERÊNCIA GERAL DO EPISCOPADO LATINO-AMERICANO E DO CARIBE, 2007, documento on-line). Entretanto, essa família, descrita no documento, está ameaçada por "[...] situações provocadas pelo secularismo e pelo relativismo ético, pelos diversos fluxos migratórios internos e externos, pela pobreza, pela instabilidade social e por legislações civis contrárias ao matrimônio que, ao favorecer os anticoncepcionais e o aborto, ameaçam o futuro dos povos" (V CONFERÊNCIA GERAL DO EPISCOPADO LATINO-AMERICANO E DO CARIBE, 2007, documento on-line).

Contudo, a partir da mencionada ideologia de gênero, primeiramente por Ratzinger e, posteriormente, por alguns documentos da Igreja, estabeleceu-se uma ofensiva política contra alguns direitos sexuais e reprodutivos que refletem na cultura atual. A partir de então, surgiram as seguintes questões: o que está em jogo quando há uma mudança cultural em percurso? Trata-se de uma disputa política por delimitar os espaços de cada um na esfera social? Ou trata-se de lutas em torno do reconhecimento?

Link

Nos links listados a seguir, você pode conferir mais a respeito de alguns conteúdos abordados neste capítulo que devem ter despertado seu interesse quanto à promoção da igualdade de gênero.

- BBC — Como foi criada a heterossexualidade como conhecemos hoje:

    https://goo.gl/zJUm74

- Youtube — O Desafio da Igualdade:

    https://goo.gl/1GDK1w

- Youtube — Gênero e Sexualidade:

    https://goo.gl/XGPfrv

Referências

AMBROSINO, B. Como foi criada a heterossexualidade como a conhecemos hoje. *BBC Future*, Disponível em: <https://www.bbc.com/portuguese/vert-fut-40093671>. Acesso em: 29 jan. 2019.

BEAUVOIR, S. *O segundo sexo:* a experiência vivida. 2. ed. São Paulo: Difusão Europeia do Livro, 1967. Disponível em: <http://www.afoiceeomartelo.com.br/posfsa/autores/Beauvoir,%20Simone%20de/O%20Segundo%20Sexo%20-%20II.pdf>. Acesso em: 29 jan. 2019.

BENTO, B.; PELUCIO, L. Despatologização do gênero: a politização das identidades abjetas. *Estudos Feministas*, Florianópolis, v. 20, nº. 2, p. 569–581, mai./ago. 2012. Disponível em: <http://www.scielo.br/pdf/ref/v20n2/v20n2a17.pdf>. Acesso em: 29 jan. 2019.

BOBBIO, N. *Dicionário de política*. Brasília: UnB, 1986.

BUTLER, J. *Deshacer el género*. Buenos Aires: Paidós, 2004.

BUTLER, J. *Problemas de gênero*: feminismo e subversão da identidade. Rio de Janeiro: Civilização Brasileira, 2003.

COSTA, M. V.; SILVEIRA, R. H.; SOMMER, L. H. Estudos culturais, educação e pedagogia. *Revista Brasileira de Educação*, Rio de Janeiro, nº. 23, p. 36–61, mai./ago. 2003. Disponível em: <http://www.scielo.br/scielo.php?script=sci_arttext&pid=S1413-24782003000200004>. Acesso em: 29 jan. 2019.

DREYFUS, H. L.; RABINOW, P. *Michel Foucault:* uma trajetória filosófica, para além do estruturalismo e da hermenêutica. 2. ed. Rio de Janeiro: Forense Universitária, 2010.

DUGGAN, L. Epílogo. In: KATZ, J. N. *A invenção da heterossexualidade*. Rio de Janeiro: Ediouro, 1996.

FOUCAULT, M. *História da sexualidade I:* a vontade de saber. Rio de Janeiro: Graal, 1988.

FOUCAULT, M. Não ao sexo rei. In: FOUCAULT, M. *Microfísica do poder*. Rio de Janeiro: Graal, 1979.

HALL, S. *A identidade cultural na pós-modernidade*. Rio de Janeiro: Lamparina, 2014.

KATZ, J. N. *A invenção da heterossexualidade*. Rio de Janeiro: Ediouro, 1996.

LAMAS, M. El género es cultura. In: Campus Euroamericano de Cooperação Cultural, 5., 2007, Almada. *Anais...* Portugal, 2007. Disponível em: <https://perio.unlp.edu.ar/catedras/system/files/3.p_lamas_m._el_genero_es_cultura.pdf>. Acesso em: 29 jan. 2019.

LAMAS, M. Introduccion. In: BOURQUE, S. C. et. al. *El género:* la construcción cultural de la diferencia sexual. Ciudad de México: UNAM, 1996.

MISKOLCI, R.; CAMPANA, M. Ideologia de gênero: notas para a genealogia de um pânico moral contemporâneo. *Revista Sociedade e Estado*, Brasília, v. 32, nº. 3, p. 725–747, 2017. Disponível em: <http://www.scielo.br/scielo.php?script=sci_arttext&pid=S0102-69922017000300725&lng=en&nrm=iso>. Acesso em: 29 jan. 2019.

O'LEARY, D. *The gender agenda*. Lafayette: Vital Issues Press, 1997.

ORGANIZAÇÃO DAS NAÇÕES UNIDAS. *Os princípios de Yogyakarta:* Princípios sobre a aplicação da legislação internacional de direitos humanos em relação à orientação sexual e identidade de gênero. Yogyakarta: Indonésia, 2006.

PISCITELLI, A. Gênero: a história de um conceito. In: ALMEIDA, H. B.; SZWAKO, J. (org.). *Diferença, igualdade*. São Paulo: Berlendis & Vertecch, 2009.

PISCITELLI, A. Recriando a (categoria) mulher? In: ALGRANTI, L. (org.). *A prática feminista e o conceito de gênero*. Campinas: IFCH/Unicamp, 2002.

RATZINGER, J. *La sal de la tierra*. Madrid: Libros Palabra, 1997.

SAFATLE, V. Dos problemas de gênero a uma teoria da despossessão necessária: ética, política e reconhecimento em Judith Butler. In: BUTLER, J. *Relatar a si mesmo:* crítica da violência ética. Belo Horizonte: Autêntica, 2015.

SILVA, T. T. *Documentos de identidade:* uma introdução às teorias do currículo. Belo Horizonte: Autêntica, 1999.

V CONFERÊNCIA GERAL DO EPISCOPADO LATINO-AMERICANO E DO CARIBE, 2007, Aparecida. *Documento final*. Aparecida: [S.I.], 2007. Disponível em: <http://www.dhnet.org.br/direitos/cjp/a_pdf/cnbb_2007_documento_de_aparecida.pdf>. Acesso em: 29 jan. 2019.

ZAULI, A. et al. *Reflexões sobre diversidade e gênero* [recurso eletrônico]. Brasília: Câmara dos Deputados, Edições Câmara, 2013. (Série Ações de Cidadania, nº. 19). Disponível em: <http://bd.camara.gov.br/bd/bitstream/handle/bdcamara/16799/reflexoes_sobre_diversidade.pdf?sequence=1>. Acesso em: 29 jan. 2019.

Leituras recomendadas

BUTLER, J. *Relatar a si mesmo:* crítica da violência ética. Belo Horizonte: Autêntica, 2015.

REIS, T.; EGGERT, E. Ideologia de gênero: uma falácia construída sobre os planos de educação brasileiros. *Educação Social*, Campinas, v. 38, nº. 138, p. 9–26, jan./mar. 2017. Disponível em: <http://www.scielo.br/pdf/es/v38n138/1678-4626-es-38-138-00009.pdf>. Acesso em: 29 jan. 2019.

TILIO, R. Teorias de gênero: principais contribuições teóricas oferecidas pelas perspectivas contemporâneas. *Revista Gênero*, Niterói, v. 14, nº. 2, p. 125–148, 2014. Disponível em: <http://www.revistagenero.uff.br/index.php/revistagenero/article/viewFile/626/380>. Acesso em: 29 jan. 2019.

TORRÃO FILHO, A. Uma questão de gênero: onde o masculino e o feminino se cruzam. *Cadernos Pagu*, v. 24, p. 127–152, jan./jun. 2005. Disponível em: <http://www.scielo.br/pdf/cpa/n24/n24a07.pdf>. Acesso em: 29 jan. 2019.

Direitos humanos e trabalho

Objetivos de aprendizagem

Ao final deste texto, você deve apresentar os seguintes aprendizados:

- Descrever as citações históricas dos direitos humanos do trabalhador no mundo.
- Listar os principais artigos sobre direitos humanos e trabalho na Consolidação das Leis do Trabalho e na Constituição Federal.
- Analisar os direitos humanos sobre o mundo do trabalho à luz de dados que evidenciam as assimetrias no Brasil.

Introdução

A Declaração Universal dos Direitos Humanos (DUDH) foi assinada com o objetivo de oferecer às nações os preceitos básicos para garantir que todas as pessoas sejam tratadas com igual dignidade. O direito ao trabalho é um direito humano e social e, assim como todos os direitos humanos, trata-se de um direito inalienável. Um dos objetivos do direito ao trabalho é o de limitar o poder do empregador sobre o empregado, a fim de que a relação de trabalho seja baseada no respeito à dignidade da pessoa.

Neste capítulo, você vai estudar os direitos humanos relacionados ao trabalho, verificando o contexto histórico da assinatura da DUDH, bem como alguns pontos da Constituição Federal brasileira e da Consolidação das Leis do Trabalho (CLT) no que tange aos direitos humanos do trabalhador.

Direito ao trabalho na Declaração Universal dos Direitos Humanos

A Organização das Nações Unidas (ONU) foi criada em 1945 para promover a cooperação internacional. Uma das primeiras medidas dos países que firmaram o tratado foi elaborar uma carta que conferisse ao ser humano garantias à promoção dos **direitos naturais do homem**, como se fosse essa a condição necessária para uma paz duradoura. Os direitos naturais são característicos de autores do liberalismo, como Thomas Hobbes, John Locke e Jean Jacques Rousseau. De acordo com Marcondes (2010, p. 221), podemos sintetizar esse período por duas características: "[...] a valorização da livre iniciativa e da liberdade individual no campo da política e da economia equivale no campo do conhecimento à valorização da experiência individual, tanto intelectual (racionalismo) quanto sensível (empirismo)".

Já Reale e Antiseri (2005) apontam que os direitos naturais devem ser entendidos no âmbito do Iluminismo. Para os pensadores iluministas, a razão é o eixo central de sua filosofia, na qual a razão é a luz contra o antigo regime (a Idade Média). "Contrário aos sistemas metafísicos e fautor de uma religiosidade e uma moralidade racionais e leigas, o racionalismo iluminista estabelece a Razão como fundamento das normas jurídicas e das concepções do Estado", lecionam Reale e Antiseri (2005, p. 226).

Poderíamos dizer que natural, nesse âmbito, significa o racional. Foi com base nas ideias jusnaturalistas dos iluministas que se elaborou a **doutrina dos direitos do homem e do cidadão**, que pode ser encontrada na Declaração dos Direitos do Homem e do Cidadão, de 1789, de acordo com Reale e Antiseri (2005). Os direitos do homem e do cidadão foram proclamados pela Assembleia Constituinte francesa, e a Declaração se constituiu como o documento programático da Revolução Francesa.

Ainda conforme Reale e Antiseri (2005, p. 226), "[...] os direitos do homem e do cidadão que a Assembleia Constituinte considera naturais são: a liberdade, a igualdade, a propriedade, a segurança e a resistência à opressão. A lei é igual para todos e estabelece limites precisos ao poder executivo, a fim de proteger a liberdade pessoal, de opinião, de religião e de palavra". Portanto, os direitos naturais dizem respeito aos direitos que são inerentes ao homem e são fundamentados na **natureza humana** — ou seja, não dependem de leis ou costumes. Possuem por característica serem universais e não podem ser revogados por nenhum governo ou lei humana.

Em 1948, os líderes das grandes nações vencedoras da Segunda Guerra Mundial (União Soviética, Estados Unidos, França e Reino Unido), com o objetivo de enfrentar as consequências dos horrores da guerra e evitar novos massacres, selaram um acordo de paz mundial. Como resultado dessa articulação, foi proclamada, em 1948, a DUDH. A carta enumera 30 artigos em que aparecem os direitos humanos e as liberdades fundamentais que os seres humanos possuem. Pode-se acrescentar a isso que a **dignidade da pessoa humana** é o eixo central da Declaração. Em *O fundamento dos direitos humanos*, Pequeno ([2018], documento on-line) afirma que os direitos humanos são

"[...] os princípios ou valores que permitem que uma pessoa possa afirmar sua condição humana e participar plenamente da vida". Tais direitos devem fazer com que o indivíduo possa vivenciar plenamente a sua condição biológica, psicológica, econômica, social, cultural e política.

> **Fique atento**
>
> Para propagar e garantir a existência dos direitos humanos, como o direito à vida, à liberdade, à segurança, ao trabalho, entre outros, necessita-se de instituições públicas, como o Estado de cada país, que garantam, por exemplo, o direito à educação. Da mesma forma, necessita-se de medidas políticas que garantam o direito ao trabalho, com o objetivo de assegurar o desenvolvimento da vida humana.

No primeiro artigo da DUDH, percebe-se a referência ao conjunto de direitos empunhados pelas revoluções burguesas — a **liberdade** (direitos civis e políticos), a **igualdade** (direitos econômicos e sociais) e a **fraternidade** (direitos de solidariedade) —, assim estabelecidos: "Todas as pessoas nascem livres e iguais em dignidade e em direitos. São dotadas de razão e de consciência e devem agir em relação umas às outras com espírito de fraternidade" (ORGANIZAÇÃO DAS NAÇÕES UNIDAS, [2018]).

Desde a adoção da DUDH, em 1948, até os dias atuais, diversos pactos e tratados foram assinados e ratificados por nações do mundo inteiro, visando à garantia dos direitos humanos, sobretudo no que concerne à efetivação da dignidade da pessoa. No Brasil, a Constituição Federal de 1988 contempla em seu âmago uma série de garantias aos direitos humanos e, como fundamento da República, afirma a soberania, a cidadania, a dignidade da pessoa, os valores sociais do trabalho e da livre iniciativa e o pluralismo político (BRASIL, 1988).

Nessa esteira de pensamento, compreende-se a importância do **trabalho** como um direito humano inegável e inalienável. No entanto, percebe-se um descompasso entre as normas estabelecidas — tanto no plano internacional, a partir da DUDH (1948), quanto no plano nacional, com a Constituição Federal (1988) — e a realidade do trabalho na sociedade contemporânea.

A questão do trabalho está presente no art. XXIII da DUDH, que dita:

> 1. Todo ser humano tem direito ao trabalho, à livre escolha de emprego, a condições justas e favoráveis de trabalho e à proteção contra o desemprego.
> 2. Todo ser humano, sem qualquer distinção, tem direito a igual remuneração

por igual trabalho. 3. Todo ser humano que trabalha tem direito a uma remuneração justa e satisfatória, que lhe assegure, assim como à sua família, uma existência compatível com a dignidade humana e a que se acrescentarão, se necessário, outros meios de proteção social. 4. Todo ser humano tem direito a organizar sindicatos e a neles ingressar para proteção de seus interesses (ORGANIZAÇÃO DAS NAÇÕES UNIDAS, [2018], documento on-line).

Os arts. que seguem (XXIV e XXV) descrevem uma série de direitos que devem ser assegurados e que também são benefícios do labor, como o direito ao repouso, ao lazer e à limitação razoável das horas de ocupação. Ditam também uma série de direitos que circulam ao redor da questão do trabalho, como o direito de todo ser humano de ter um padrão de vida capaz de assegurar, a si e à sua família, saúde e bem-estar, alimentação, vestuário, habitação, cuidados médicos e os serviços sociais indispensáveis, e o direito à segurança em caso de desemprego, doença, invalidez, viuvez e velhice. Dessa maneira, podemos dizer que o trabalho é reconhecido na sociedade capitalista como a forma principal de os seres humanos buscarem satisfazer suas necessidades mais simples, como as de alimento, vestimenta e abrigo, até as mais complexas, como as de lazer.

Com isso, concluímos que o trabalho é uma das maneiras de o ser humano dignificar a sua existência, pois ele permite que o homem dê o salto do ser biológico ao ser social. Mas nem sempre foi assim. Hannah Arendt, em sua obra *A condição humana*, de 1958, sustenta que é a partir da modernidade que se consagra um novo sentido para o trabalho. Com o advento da industrialização, houve a generalização dessa forma de trabalho, cuja característica principal é que tal atividade acontece na esfera pública, é aceita como atividade útil e seu reconhecimento se dá por meio do salário. Nessa mesma obra, Arendt (2007, p. 113) especifica as principais etapas de promoção da **concepção moderna do trabalho**:

> A súbita e espetacular promoção do labor, da mais humilde e desprezível posição à mais alta categoria, como a mais estimada de todas as atividades humanas, começou quando Locke descobriu que o *"labour"* é a fonte de toda propriedade; prosseguiu quando Adam Smith afirmou que esse mesmo *"labour"* era a fonte de toda riqueza; e atingiu o clímax no *"system of labor"* de Marx, no qual o labor passou a ser a origem de toda produtividade e a expressão da própria humanidade do homem.

Seja pela concepção de trabalho como uma atividade desprezada, sendo uma ação realizada por escravos e servos e uma atividade penosa e fonte de sofrimento, seja pela caracterização como uma atividade vital, cujos benefícios morais e sociais são valorizados pela sociedade, a questão do trabalho é, sobretudo, um problema existencial e político, pois se trata da relação entre o ser humano e o mundo. Na sociedade contemporânea, conforme aponta Antunes (1999, p. 37), em relação ao trabalho, temos as seguintes características:

> 1) o padrão produtivo taylorista e fordista vem sendo crescentemente substituído ou alterado pelas formas produtivas flexibilizadas e desregulamentadas, das quais a chamada acumulação flexível e o modelo japonês ou toyotismo são exemplos; 2) o modelo de regulação social-democrático, que deu sustentação ao chamado estado de bem-estar social, em vários países centrais, vêm também sendo solapado pela (des)regulação neoliberal, privatizante e antissocial.

Como consequência dessa rearticulação do modo de produção capitalista, Antunes (1999, p. 38) argumenta duas manifestações virulentas e graves que atingem os direitos dos trabalhadores e constituem uma **ameaça aos direitos humanos** no que tange à proteção de toda pessoa:

> [...] a destruição e/ou precarização, sem paralelos em toda era moderna, da força humana que trabalha e a degradação crescente na relação metabólica entre homem e natureza, conduzida pela lógica voltada prioritariamente para a produção de mercadorias que destroem o meio ambiente. Trata-se, portanto, de uma aguda destrutividade, que no fundo é a expressão mais profunda da crise estrutural que assola a (des) sociabilização contemporânea: destrói-se força humana que trabalha; destroçam-se os direitos sociais; brutalizam-se enormes contingentes de homens e mulheres que vivem do trabalho; torna-se predatória a relação produção/natureza, criando-se uma monumental "sociedade do descartável", que joga fora tudo que serviu como "embalagem" para as mercadorias e o seu sistema, mantendo-se, entretanto, o circuito reprodutivo do capital.

Nessa ótica, o trabalho pode ser fonte de realização pessoal, mas, por outro lado, tal ocupação também pode ser uma forma de exploração do ser humano.

Trabalho e direitos humanos na Constituição Federal de 1988 e na CLT

A Constituição Federal brasileira foi promulgada em 1988 e é conhecida como a **Constituição Cidadã**, justamente por ter como eixo central a pessoa dotada de direitos. A lei máxima do ordenamento jurídico da nação elenca o trabalho entre os **direitos sociais**: "Art. 6º São direitos sociais a educação, a saúde, a alimentação, o trabalho, a moradia, o lazer, a segurança, a previdência social, a proteção à maternidade e à infância, a assistência aos desamparados, na forma desta Constituição" (BRASIL, 1988). Já o art. 7º cita os direitos dos trabalhadores urbanos e rurais, além de outros que visam à melhoria de sua condição social:

> I — relação de emprego protegida contra despedida arbitrária ou sem justa causa, nos termos de lei complementar, que preverá indenização compensatória, dentre outros direitos;
> II — seguro-desemprego, em caso de desemprego involuntário;
> III — fundo de garantia do tempo de serviço;
> IV — salário mínimo, fixado em lei, nacionalmente unificado, capaz de atender a suas necessidades vitais básicas e às de sua família com moradia, alimentação, educação, saúde, lazer, vestuário, higiene, transporte e previdência social, com reajustes periódicos que lhe preservem o poder aquisitivo, sendo vedada sua vinculação para qualquer fim;
> [...]
> VII — garantia de salário, nunca inferior ao mínimo, para os que percebem remuneração variável;
> VIII — décimo terceiro salário com base na remuneração integral ou no valor da aposentadoria;
> [...]
> X — proteção do salário na forma da lei, constituindo crime sua retenção dolosa;
> [...]
> XIII — duração do trabalho normal não superior a oito horas diárias e quarenta e quatro semanais, facultada a compensação de horários e a redução da jornada, mediante acordo ou convenção coletiva de trabalho;
> [...]
> XV — repouso semanal remunerado, preferencialmente aos domingos;
> [...]
> XVII — gozo de férias anuais remuneradas com, pelo menos, um terço a mais do que o salário normal;
> XVIII — licença à gestante, sem prejuízo do emprego e do salário, com a duração de cento e vinte dias;
> XIX — licença-paternidade, nos termos fixados em lei;
> XX — proteção do mercado de trabalho da mulher, mediante incentivos específicos, nos termos da lei;
> [...]
> XXII — redução dos riscos inerentes ao trabalho, por meio de normas de saúde, higiene e segurança; [...] (BRASIL, 1988, documento on-line).

Tais direitos estão em consonância com os princípios de igualdade e dignidade apresentados pela DUDH e representam a proteção ao cidadão portador desses direitos.

Nesse sentido, não há como negar que o trabalho, como um direito humano, deve ser assegurado a todos os indivíduos, uma vez que está contemplado na Constituição Federal (BRASIL, 1988). Na visão geracional ou dimensional dos direitos humanos, o trabalho se encontra inserido na segunda geração, que inclui os direitos econômicos, sociais e culturais. Segundo Tosi (2014, documento on-line), a segunda geração inclui:

> [...] o direito ao trabalho e à segurança no trabalho, ao seguro contra o desemprego, a um salário justo e satisfatório, a proibição da discriminação salarial, o direito a formar sindicatos, ao lazer e ao descanso remunerado, o direito à seguridade social, à proteção do Estado do Bem-Estar Social, à proteção especial para a maternidade e a infância, à educação pública gratuita e universal, a participar da vida cultural da comunidade e a se beneficiar do progresso científico e artístico, à proteção aos direitos autorais e às patentes científicas.

Já a CLT foi promulgada pelo Decreto-Lei nº. 5.452, no dia 1º de maio de 1943, pelo então presidente da República Federativa do Brasil, Getúlio Vargas (BRASIL, 1943). Dois anos antes, Vargas havia assinado a criação da Justiça do Trabalho. Dessa forma, os direitos trabalhistas foram inseridos na legislação brasileira. Por meio da CLT, estabeleciam-se as normas para regular as relações individuais e coletivas de trabalho. Ela é o principal instrumento que regula as relações entre o empregador e o empregado, prezando pela proteção do direito de ambos os lados.

Nesse sentido, ficou estabelecido o **tempo de duração do trabalho**, no segundo capítulo, art. 58: "A duração normal do trabalho, para os empregados em qualquer atividade privada, não excederá de 8 (oito) horas diárias, desde que não seja fixado expressamente outro limite" (BRASIL, 1943, documento on-line). Com relação ao **direito à vida**, a Constituição Federal, no art. 7º, refere-se da seguinte forma: "XXII — redução dos riscos inerentes ao trabalho, por meio de normas de saúde, higiene e segurança" (BRASIL, 1988, documento on-line). Portanto, a proteção à vida deve ser assegurada de modo que, quando colocada em risco a vida do trabalhador, já é motivo para rescisão indireta do contrato de trabalho. Na CLT de 1943, o art. 483 se refere ao direito à vida nas seguintes palavras: "O empregado poderá considerar rescindido o contrato e pleitear a devida indenização quando: [...] c) correr perigo manifesto de mal considerável" (BRASIL, 1943, documento on-line). Podemos concluir que toda lei ou norma que assegure a proteção da pessoa, a sua saúde, segurança e integridade física age a fim de proteger a vida do trabalhador.

Com relação ao **direito à igualdade**, a norma jurídica se pronuncia de forma mais visível a esse direito na forma de oportunidades iguais de acesso e permanência no emprego. No que tange ao **salário**, a CLT contempla tal direito quando fala, no art. 5º, que "A todo trabalho de igual valor corresponderá salário igual, sem distinção de sexo" (BRASIL, 1943, documento on-line). Já o art. 461 estabelece o seguinte: "Sendo idêntica a função, a todo trabalho de igual valor, prestado ao mesmo empregador, na mesma localidade, corresponderá igual salário, sem distinção de sexo, nacionalidade ou idade" (BRASIL, 1943, documento on-line). Já na Constituição Federal, novamente aparece o art. 7º afirmando o seguinte: "XXX — proibição de diferença de salários, de exercício de funções e de critério de admissão por motivo de sexo, idade, cor ou estado civil; XXXI — proibição de qualquer discriminação no tocante a salário e critérios de admissão do trabalhador portador de deficiência; [...]" (BRASIL, 1988, documento on-line).

Como pode ser percebido, o direito à igualdade proíbe a distinção entre espécie de trabalho realizado e a diferenciação entre os tipos de trabalhadores. Outro ponto que se destaca em relação ao direito à igualdade diz respeito à diferença entre as atividades laborais. O art. 7º estabelece: "XXXII — proibição de distinção entre trabalho manual, técnico e intelectual ou entre os profissionais respectivos; [...] XXXIV — igualdade de direitos entre o trabalhador com vínculo empregatício permanente e o trabalhador avulso" (BRASIL, 1988, documento on-line).

A CLT também assegura a promoção de igualdade de oportunidades no que tange ao **gênero**. Dessa forma, a CLT visa à proteção ao mercado de trabalho da mulher. No art. 373, a CLT estabelece o seguinte:

> A. Ressalvadas as disposições legais destinadas a corrigir as distorções que afetam o acesso da mulher ao mercado de trabalho e certas especificidades estabelecidas nos acordos trabalhistas, é vedado: I — publicar ou fazer publicar anúncio de emprego no qual haja referência ao sexo, à idade, à cor ou situação familiar, salvo quando a natureza da atividade a ser exercida, pública e notoriamente, assim o exigir; II — recusar emprego, promoção ou motivar a dispensa do trabalho em razão de sexo, idade, cor, situação familiar ou estado de gravidez, salvo quando a natureza da atividade seja notória e publicamente incompatível; III — considerar o sexo, a idade, a cor ou situação familiar como variável determinante para fins de remuneração, formação profissional e oportunidades de ascensão profissional; (...); V — impedir o acesso ou adotar critérios subjetivos para deferimento de inscrição ou aprovação em concursos, em empresas privadas, em razão de sexo, idade, cor, situação familiar ou estado de gravidez; [...] (BRASIL, 1943, documento on-line).

No que tange ao **direito à liberdade**, o direito ao trabalho refere-se ao direito da pessoa de escolher a profissão que deseja, pois o trabalho é um direito universal; assim, a pessoa tem o direito de escolher o trabalho, de receber pela realização da atividade e de deixar esse mesmo trabalho (demitir-se). A Constituição Federal, art. 5º, refere-se a esse direito da seguinte forma: "XIII — é livre o exercício de qualquer trabalho, ofício ou profissão, atendidas as qualificações profissionais que a lei estabelecer" (BRASIL, 1988, documento on-line). Trata-se de uma das conquistas dos direitos trabalhistas, pois cabe lembrar que no início da Revolução Industrial — isto é, no século XIX — existia o trabalho escravo. Ou seja, o trabalhador não possuía os direitos que demarcavam os limites de sua relação com o empregador. Tais direitos asseguram que o trabalhador não esteja preso em relação a um trabalho determinado.

Em suma, por meio dos direitos trabalhistas, busca-se a proteção do trabalhador na relação entre capital e trabalho. Por meio da legislação, busca-se pôr limites em relação ao poder do empregador, tendo em vista que, no contexto da escravidão, esse poder era ilimitado, e o escravo era uma propriedade de seu senhor. No contexto da Revolução Industrial, as condições de um trabalhador da indústria eram:

- jornada de trabalho ilimitada;
- ausência de direitos;
- vida social reduzida ao ambiente da fábrica;
- condições insalubres, que eram permanentes nos ambientes de trabalho;
- falta de segurança durante as atividades na fábrica;
- crianças, homens e mulheres trabalhavam no mesmo lugar, ou seja, era comum que uma família inteira trabalhasse em uma fábrica;
- inexistência de legislação que regulasse as condições e a jornada de trabalho;
- cada fábrica tinha a liberdade de criar e determinar a quais regras os trabalhadores deveriam obedecer.

É contra essas condições que os direitos trabalhistas atuam. É possível entender que os direitos trabalhistas agem em conformidade com os direitos humanos, visto que a dignidade da pessoa humana é o mote de ambos. Ambos atuam para que não haja a vulnerabilidade da vida humana. No entanto, a precarização dos meios de produção e da própria condição humana tem se mostrado um desafio também para os direitos humanos. Nesse sentido, vale mencionar a abordagem de Antunes (1999, p. 35), que corrobora com essa afirmação:

> A sociedade contemporânea, particularmente nas últimas duas décadas, presenciou fortes transformações. O neoliberalismo e a reestruturação produtiva da era da acumulação flexível, dotadas de forte caráter destrutivo, têm acarretado, entre tantos aspectos nefastos, um monumental desemprego, uma

enorme precarização do trabalho e uma degradação crescente, na relação metabólica entre homem e natureza, conduzida pela lógica societal voltada prioritariamente para a produção de mercadorias, que destrói o meio ambiente em escala globalizada.

Além da precarização do trabalho, os direitos humanos têm como desafio a questão da desigualdade de gênero no mundo do trabalho.

Direitos humanos, gênero e trabalho

De acordo com Sousa e Guedes (2016), a questão da **divisão do trabalho** no que tange ao aspecto gênero foi objeto de pesquisa em diversos países. Na França, no início dos anos 1970, as bases teóricas dessa investigação se consolidaram sob o impulso do movimento feminista. Ainda conforme Sousa e Guedes (2016, documento on-line):

> Histórica e culturalmente, especialmente dentro da sociedade capitalista, sempre coube à mulher a responsabilidade pelos cuidados com a casa e com a família, independentemente de sua idade, condição de ocupação e nível de renda. O trabalho doméstico recaía sobre as mulheres com base no discurso, vivo até hoje, da naturalidade feminina para o cuidado.

Essa atribuição social que relaciona feminino e cuidado marcou o espaço da mulher como sendo o ambiente privado, abrangendo os cuidados com a casa e com os filhos. Posteriormente, as transformações socioeconômicas e a busca de **independência feminina** apontaram as desvantagens das mulheres em relação aos homens na atuação econômica e social, conforme lecionam Sousa e Guedes (2016).

De acordo com Kon (2013), no que tange ao gênero, existe uma desigualdade em relação à distribuição de homens e mulheres no mercado de trabalho, tanto em relação à demanda quanto à oferta de trabalho. Nessa perspectiva, a autora sugere que existem alguns fatores que são determinantes para que ocorra essa desigualdade de gênero no que tange à distribuição no mercado de trabalho. Entre esses fatores, Kon (2013, documento on-line) destaca:

> Diferenças entre os gêneros com relação aos gostos pelas atividades de trabalho, que são influenciados por valores sociais e, dessa forma, apresentam diferenciações entre as sociedades em um período e em uma mesma sociedade com a evolução do tempo; necessidade de equilibrar o trabalho de mercado com o doméstico e outros afazeres familiares [...]; exploração de parte das

mulheres por homens ou por outro subsetor da sociedade; a atividade deve ser compatível com a reprodução e com o cuidado dos filhos; as atividades da mulher são, frequentemente, uma extensão de seu trabalho doméstico. Assim ocorre com as tarefas consideradas tipicamente como trabalho feminino, não masculino; cada gênero apresenta uma combinação e estoques diferenciados de capital humano geral e específico, que acarretam diferentes taxas de retorno quando comparados no mercado de trabalho;[...].

De acordo com Kon (2013), a distribuição da força de trabalho brasileira entre gêneros é observada inicialmente a partir da localização dos trabalhadores, de acordo com a sua participação na região urbana ou rural. A partir de dados do IBGE (1999; 2005, apud KON, 2013), verifica-se que, do total de trabalhadores da região urbana, pouco mais da metade é constituída por mulheres; na região rural, elas participam em menos de 39% das atividades laborais. Nos dois anos iniciais do período analisado, não foram constatadas alterações nessa composição.

Pesquisas realizadas entre 2004 e 2014 sobre a **divisão do trabalho doméstico** apontam que "[...] a divisão dos cuidados domésticos é desigual entre os sexos e desfavorável às mulheres. A proporção de homens, na condição de pessoa de referência ou cônjuge, que realizaram afazeres domésticos não atingiu 60% ao longo da última década, contra mais de 90% para as mulheres", conforme lecionam Sousa e Guedes (2016, documento on-line). Esses autores trazem dados da PNAD, de 2004 e 2014, que se referem à proporção de pessoas com 16 anos ou mais que cuidavam dos **afazeres domésticos por sexo e condição na família**:

Ano de 2004
Pessoas de referência:

- Mulher: 92,25%.
- Homem: 51,44%.

Cônjuge:

- Mulher: 97,16%.
- Homem: 46,55%.

Ano de 2014
Pessoas de referência:

- Mulher: 92,84%.
- Homem: 58,36%.

Cônjuge:

- Mulher: 95,70%.
- Homem: 46,64%.

De acordo com os dados acima, percebe-se que o engajamento dos homens nas tarefas domésticas é baixo, mesmo 10 anos depois. Isso corrobora para o fato de que a alocação do tempo entre família, casa e trabalho é algo conflitante na vida das mulheres. Cabe lembrar que, nas sociedades ditas primitivas, como apontam Araújo, Amorim e Ferreira (2004, apud SOUSA; GUEDES, 2016), não havia divisão de classes, e, portanto, as relações de gênero eram a base da organização da sociedade e da divisão social do trabalho. Isso muda com a sociedade capitalista, na qual "[...] as relações de classe e de gênero são estruturantes e se superpõem", conforme apontam esses autores (ARAÚJO; AMORIM; FERREIRA, 2004, apud SOUSA; GUEDES, 2016, documento on-line).

Ainda destacando os dados da Pesquisa Nacional por Amostra de Domicílios (PNAD) (2014) sobre a desigualdade no mundo do trabalho entre homens e mulheres, é de se notar que "[...] as mulheres foram menos economicamente ativas que os homens; estiveram mais presentes no mercado informal; ganharam R$ 493,00 a menos, em média; e estiveram menos presentes em função de dirigente geral", conforme apontam Sousa e Guedes (2016, documento on-line).

Com relação à jornada semanal de mulheres e homens, Sousa e Guedes (2016) trazem novamente os dados das pesquisas do PNAD de 2004 e 2014, em relação ao total de pessoas com 16 anos ou mais, por sexo ou condição na família, apontando para a desigualdade entre os gêneros:

Ano de 2004

Pessoas de referência:

- Mulher: 62.
- Homem: 56.

Cônjuge:

- Mulher: 64.
- Homem: 56.

Ano de 2014
Pessoas de referência:

- Mulher: 61.
- Homem: 53.

Cônjuge:

- Mulher: 63.
- Homem: 53.

Com relação à distribuição geográfica, os estudos ainda demonstram que, em todas as regiões do Brasil, o percentual de mulheres que realizaram afazeres domésticos é igual ou maior do que 90%, enquanto o percentual de homens não passa de 60%. A Região Sul desponta como a região com maior participação masculina nas atividades domésticas, enquanto no Nordeste, apesar de ter aumentando a participação masculina, evidencia-se uma menor participação, conforme apontam Sousa e Guedes (2016).

No que tange à **participação econômica**, em todas as regiões do Brasil, o percentual de homens que participam da atividade produtiva atingiu ou superou 80%, enquanto o percentual de mulheres não ultrapassou 65%, conforme apontam os Quadros 1 e 2.

Quadro 1. Dados do PNAD (2004) em relação à participação econômica de homens e mulheres

Região	Masculino	Feminino	Diferença
Sul	85,36%	63,10%	-22,26%
Sudeste	80,52%	56,89%	-23,63%
Nordeste	82,12%	55,60%	-26,52%
Centro-Oeste	85,35%	59,76%	-25,59%
Norte	85,95%	57,80%	-28,15%
Média	83,86%	58,63%	-25,23%

Fonte: Adaptado de Sousa e Gudes (2016).

Quadro 2. Dados do PNAD (2014) em relação à participação econômica de homens e mulheres

Região	Masculino	Feminino	Diferença
Sul	80,12%	60,81%	-19,31%
Sudeste	78,30%	57,50%	-20,80%
Nordeste	78,22%	53,33%	-24,89%
Centro-Oeste	82,00%	59,54%	-22,46%
Norte	81,17%	55,04%	-26,13%
Média	79,96%	57,24%	-22,72%

Fonte: Adaptado de Sousa e Gudes (2016).

A partir dos dados apresentados, podemos concluir que a desigualdade em relação ao gênero, no País, mostra-se como um desafio para o **desenvolvimento equilibrado**. Kon (2013, documento on-line) menciona que, embora as mulheres tenham sido incorporadas ao trabalho remunerado no Brasil, "[...] na maior parte das vezes não significou o abandono de suas tarefas domésticas, mas sim a extensão de sua jornada de trabalho que se soma às atividades produtivas e às responsabilidades no campo da reprodução da força de trabalho e do desenvolvimento do ambiente comunitário".

Além disso, essa desigualdade entre os gêneros evidenciada no mundo do trabalho fere os direitos humanos no que tange à sua máxima, que versa que os direitos humanos são para todos (indiferentemente de classe, sexo, gênero e cor). Se todos os seres humanos são dotados dos mesmos direitos, e estes devem ser assegurados pelo Estado, como explicar essa diferença?

Na sociedade contemporânea, direitos humanos e trabalho são duas questões que se entrelaçam. Para viver com dignidade, todo ser humano precisa ter acesso a bens como alimentação, moradia, trabalho, educação, entre outros; tais bens satisfazem as necessidades humanas. Os direitos vieram depois das lutas por acesso a esses bens, como uma forma de garanti-los, formalizá-los e assegurá-los, conforme leciona Flores (2007). Nessa perspectiva, conclui o autor, um direito se concretiza não quando é declarado, mas quando cumpre sua função de satisfazer tal demanda.

Link

Nos links disponibilizados a seguir, você pode assistir a vídeos sobre a temática do capítulo.

Ciclo do Trabalho Escravo Contemporâneo:

https://goo.gl/0I3yYc

IPEA realiza debate sobre desigualdade de gênero no mercado de trabalho:

https://goo.gl/tsSb1N

A participação de negros no mercado de trabalho:

https://goo.gl/misyQ5

Referências

ANTUNES, R. *Os sentidos do trabalho:* ensaio sobre a afirmação e a negação do trabalho. São Pulo: Boitempo, 1999.

ARENDT, H. *A condição humana.* 10. ed. Rio de Janeiro: Forense Universitária, 2007.

BRASIL. Constituição da República Federativa do Brasil de 1988. *Diário Oficial da União*, Brasília, DF, 1988. Disponível em: <http://www.planalto.gov.br/ccivil_03/constituicao/constituicao.htm>. Acesso em: 21 jan. 2019.

BRASIL. Decreto-Lei nº. 5.452, de 1º de maio de 1943. Consolidação das Leis de Trabalho (CLT). *Diário Oficial da União*, Brasília, DF, 1943. Disponível em: <http://www2.camara.leg.br/legin/fed/declei/1940-1949/decreto-lei-5452-1-maio-1943-415500-norma-pe.html>. Acesso em: 21 jan. 2019.

FLORES, J. H. *La reinvencion de los derechos humanos.* Andalucia: Atrapasueños, 2007. (Colección Ensayando). Disponível em: <http://www.derechoshumanos.unlp.edu.ar/assets/files/documentos/la-reinvencion-de-los-derechos-humanos.pdf>. Acesso em: 21 jan. 2019.

KON, A. Assimetrias entre gêneros no mercado de trabalho brasileiro: crise e políticas públicas. *Revista Ciências do Trabalho*, v. 1, nº. 1, 2013. Disponível em: <https://rct.dieese.org.br/index.php/rct/article/view/23>. Acesso em: 21 jan. 2019.

MARCONDES, D. *Iniciação à história da filosofia:* dos pré-socráticos a Wittgenstein. 13. ed. Rio de Janeiro: Zahar, 2010.

ORGANIZAÇÃO DAS NAÇÕES UNIDAS. Declaração Universal dos Direitos Humanos. *Unicef Brasil*, [2018]. Disponível em: <https://www.unicef.org/brazil/pt/resources_10133.html>. Acesso em: 21 jan. 2019.

PEQUENO, M. P. *O fundamental dos direitos humanos*. Educação em direitos humanos: fundamentos histórico-filosóficos. Disciplina de Ética e Comunicação. João Pessoa: UFPB, [2018]. Disponível em: <http://www.dhnet.org.br/dados/cursos/edh/redh/01/02_marconi_pequeno_fundamento_dh.pdf>. Acesso em: 21 jan. 2019.

REALE, G.; ANTISERI, D. *Historia da filosofia:* de Spinoza a Kant. São Paulo: Paulus, 2005. v. 4.

SOUSA, L. P.; GUEDES, D. R. A desigual divisão sexual do trabalho: um olhar sobre a última década. *Estudos Avançados*, São Paulo, v. 30, nº. 87, p. 123–139, mai./ago. 2016. Disponível em: <http://www.scielo.br/scielo.php?script=sci_arttext&pid=S0103-40142016000200123>. Acesso em: 21 jan. 2019.

TOSI, G. *O significado e as consequências da Declaração Universal de 1948*. João Pessoa: UFPB, [2018]. Disponível em: <http://www.cchla.ufpb.br/redhbrasil/wp-content/uploads/2014/04/O-SIGNIFICADO-E-AS-CONSEQU%C3%8ANCIAS-DA-DECLARA%C3%87%C3%83O-UNIVERSAL-DE-1948.pdf>. Acesso em: 21 jan. 2019.

Leituras recomendadas

ABRAMO, L. Desigualdades de gênero e raça no mercado de trabalho brasileiro. *Ciência e Cultura*, São Paulo, v. 58, nº. 4, p. 40–41, out./dez. 2006. Disponível em: <http://cienciaecultura.bvs.br/scielo.php?script=sci_arttext&pid=S0009-67252006000400020>. Acesso em: 21 jan. 2019.

BRASIL. *Consolidação das Leis do Trabalho — CLT e normas correlatas*. Brasília: Senado Federal, Coordenação de Edições Técnicas, 2017. Disponível em: <http://www2.senado.leg.br/bdsf/bitstream/handle/id/535468/clt_e_normas_correlatas_1ed.pdf>. Acesso em: 21 jan. 2019.

POCHMANN, M. *Desenvolvimento, trabalho e renda no Brasil:* avanços recentes no emprego e na distribuição dos rendimentos. São Paulo: Editora Fundação Perseu Abramo, 2010. v. 2. Disponível em: <http://csbh.fpabramo.org.br/uploads/Brasil%20em%20debate_Vol%202_Marcio%20Pochmann.pdf>. Acesso em: 21 jan. 2019.

Direitos humanos, diversidade e sustentabilidade

Objetivos de aprendizagem

Ao final deste texto, você deve apresentar os seguintes aprendizados:

- Contrastar o conceito de indivíduo com o de cidadão.
- Descrever a diversidade humana à luz do art. 2º da Declaração Universal dos Direitos Humanos.
- Explicar os critérios de sustentabilidade aplicados à vida em sociedade.

Introdução

Direitos humanos são os princípios ou valores que permitem que a pessoa afirme a sua condição de ser humano e de participar plenamente da vida. São, assim, direitos fundamentais para a existência humana. A diversidade humana é uma questão tratada no art. 2º da Declaração Universal dos Direitos Humanos (DUDH), corroborando com a ideia de que os direitos humanos são para todos e todas e devem garantir e proteger a dignidade de todo cidadão e toda cidadã.

Neste capítulo, você vai estudar os conceitos de indivíduo e cidadão, verificando as suas diferenças. Você também vai analisar a noção de diversidade humana, tendo como base o art. 2º da DUDH, e verificar que os direitos humanos mudam o seu foco ao longo do tempo, adaptando-se às necessidades específicas de cada momento. Assim, você vai estudar o que é sustentabilidade e quais são os desafios dos acordos internacionais que visam assegurar que o Planeta Terra não sofra mais com o aquecimento global e com a poluição, que trazem grandes riscos para a humanidade. Por fim, você vai identificar os critérios de sustentabilidade propagados pela Organização das Nações Unidas (ONU) e as propostas que visam à proteção do meio ambiente e ao desenvolvimento sustentável, em uma sociedade em que os padrões de vida e de comportamento se baseiam no consumo.

A modernidade e a noção de indivíduo

A **modernidade** é o período que se inicia com o pensamento racional, criado pelo filósofo René Descartes (1596–1650). O seu auge ocorreu nas revoluções burguesas, estendendo-se até o século XIX, acompanhando a Revolução Industrial. Um dos pontos da modernidade que marcou o pensamento ocidental foi a ideia de **indivíduo**. O lugar da certeza, da verdade e da origem dos valores, que outrora deveria ser buscado por meio da religião, a partir da Idade Moderna, passou a encontrar-se no indivíduo.

Analisando a noção de indivíduo pelo ponto de vista filosófico, partimos das ideias de Descartes, que inaugurou o **racionalismo moderno**, propondo a razão como a base da verdade sobre o indivíduo. Para Descartes (2004, p. 36), "[...] a razão é a única coisa que nos torna homens e nos diferencia dos animais"; ela é o fator que possibilita conhecer a verdade, se for guiada pelo **método cartesiano**. Descartes afirma, ainda, que o indivíduo é uma substância cuja essência ou natureza consiste no pensar — para existir, faz-se necessário pensar e, para pensar, é preciso existir. O filósofo chega a essa conclusão afirmando que, se o indivíduo duvida de tudo o que existe no mundo externo, de uma coisa ele não pode duvidar: do seu próprio pensamento. É com base nessa ideia que Descartes originou a sua conhecida frase: "[...] penso, logo existo" (DESCARTES, 2004, p. 62).

Fique atento

O **pensamento**, segundo Descartes (2004, p. 62), não precisa de lugar, "[...] nem depende de qualquer coisa material". A alma — ou seja, o eu racional — é, portanto, distinta do corpo. Desse modo, temos o **dualismo cartesiano**, baseado na dicotomia entre corpo e consciência.

No âmbito político, o filósofo inglês John Locke (1632–1704) exerceu grande influência para pensar a ideia de indivíduo. De acordo com Reale e Antiseri (2005, p. 108), Locke, nos seus escritos políticos, teorizou a forma de **constitucionalismo liberal** que se concretizou na Inglaterra de 1688:

A sociedade e o Estado nascem do direito natural, que coincide com a razão, a qual diz que, sendo todos os homens iguais e independentes, "ninguém deve prejudicar os outros na vida, na saúde, na liberdade e nas posses". São, portanto, "direitos naturais" o direito à vida, o direito à liberdade, o direito à propriedade e o direito à defesa desses direitos.

O indivíduo, para Locke, é entendido a partir do seu **estado de natureza**, que, segundo Netto (2007, documento on-line), significa:

> [...] um lugar onde não há governo exercendo qualquer poder sobre as pessoas, como ocorre nas sociedades políticas, pois ainda que naturalmente o homem não devesse prejudicar a outrem em sua vida, saúde, liberdade ou posses, não há uma lei conhecida por todos ou imposta pelos homens para que sirva de parâmetro. Cada um está livre para decidir suas ações e colocar à disposição tudo que possui da forma que achar correto ou conveniente, sem estar vinculado a nenhuma outra vontade ou permissão para agir de tal forma.

Ou seja, visto que o estado de natureza é um estado em que não há sujeição nem subordinação, trata-se, portanto, de um estado que pressupõe perfeita liberdade e igualdade, visto que nenhuma lei é conhecida ou imposta aos homens nesse âmbito.

Várnagy (2003, p. 42) afirma que Locke é considerado o pai do **liberalismo** "[...] por sustentar que todo governo surge do pacto ou contrato revogável entre indivíduos, com o propósito de proteger a vida, a liberdade e a propriedade das pessoas, tendo os signatários o direito de retirar sua confiança em relação ao governante e rebelarem-se quando o governo não cumpre seu papel". O liberalismo resultou da luta da burguesia contra o poder da Igreja e da nobreza. A classe burguesa, para tomar o poder do Estado, buscando superar os obstáculos que a ordem jurídica feudal opunha ao livre desenvolvimento da economia, teve que enfrentar esses dois adversários.

A Revolução Gloriosa, que ocorreu na Inglaterra entre os anos 1688 e 1689, marcou o período em que o parlamento inglês adotou a Declaração de Direitos (*Bill of Rights*), que limitava o poder dos monarcas e garantia o direito do parlamento a ter eleições e a legislar, conforme leciona Várnagy (2003). Essa Revolução marcou o colapso da monarquia absoluta na Inglaterra. Além do mais, esse processo abria as portas para que a liberdade do indivíduo triunfasse, defendendo-se a **limitação dos poderes do Estado**. Ainda conforme Várnagy (2003, p. 47), "[...] essa pacífica revolução sinalizou o triunfo definitivo de uma nova estrutura social, política e econômica baseada nos direitos individuais, na livre ação econômica e no interesse privado, criando as premissas políticas para o futuro desenvolvimento do capitalismo na Inglaterra".

Assim, para compreendermos a noção de indivíduo tal como se desenvolve na modernidade, é preciso conferir importância ao racionalismo de Descartes e ao empirismo político de Locke. A partir desses pressupostos, o indivíduo é compreendido como um ser livre e racional, dotado de direitos. Observe que o momento em que tal noção de indivíduo é criada corresponde ao momento em que a classe burguesa, por meio das suas revoluções, reivindica a vontade de governar tal como a nobreza ou a monarquia. É nesse viés que se desenvolve a ideia de **homem liberal** como o ser que escapa da concepção religiosa de homem enquanto filho de Deus e que não busca um fundamento metafísico abstrato, como os antigos gregos, que encontravam na natureza a essência imutável de todos os entes no mundo.

Portanto, nesse contexto, indivíduo e cidadania se entrelaçam no que se refere aos direitos (civis e políticos). A **cidadania**, nesse aspecto, está relacionada aos direitos políticos de participar da vida política do Estado-nação. Em relação a isso, Marshall (1967, p. 68) chama atenção para um aspecto do período Moderno, que é o fato de que a "[...] história dos direitos civis em seu período de formação é caracterizada pela adição gradativa de novos direitos a um *status* já existente e que pertencia a todos os membros adultos da comunidade". Ainda conforme Marshall (1967, p. 76):

> A cidadania é um *status* concedido àqueles que são membros integrais de uma comunidade. Todos aqueles que possuem o *status* são iguais com respeito aos direitos e obrigações pertinentes ao *status*. Não há nenhum princípio universal que determine o que estes direitos e obrigações serão, mas as sociedades nas quais a cidadania é uma instituição em desenvolvimento criam uma imagem de uma cidadania ideal em relação à qual o sucesso pode ser medido e em relação à qual a aspiração pode ser dirigida.

Ou seja, o *status* de cidadão é conferido aos indivíduos que já fazem parte de um mesmo território, pertencendo a uma mesma nação, diferentemente da noção de cidadania que existia na Antiguidade, sobretudo na Grécia e em Roma. Marshall (1967) afirma que a busca pela cidadania faz parte de um processo de conquista de direitos (civis, políticos e sociais). Nesse sentido, em síntese, pode-se afirmar que a cidadania é a participação na vida política mediante acesso aos direitos e respondendo pelos deveres.

> **Saiba mais**
>
> Na Grécia Antiga, nem todos os habitantes de uma *pólis* eram considerados cidadãos; por exemplo, os escravos, as mulheres e os estrangeiros não eram considerados cidadãos. Desse modo, apenas uma pequena parcela da comunidade exercia sua cidadania. Com isso, podemos observar que, nesse período, a cidadania possuía, também, um aspecto excludente, pois nem todas as pessoas da *pólis* grega detinham o poder de falar em praça pública e dar a sua posição sobre os rumos que a cidade estava tomando.

Os **direitos civis** estão relacionados à liberdade individual, à liberdade de ir e vir, à liberdade de imprensa, à liberdade de pensamento e de fé, ao direito à propriedade, ao direito de concluir contratos válidos e, também, ao direito à justiça. Portanto, estão relacionados ao indivíduo. Já o **direito político** corresponde ao direito de participar no exercício do poder político como membro de um organismo, provido de autoridade política, ou como um eleitor dos membros de tal organismo. As instituições modernas que assumem a postura de dirigir a vida política de um país são o parlamento e os conselhos do governo local, conforme leciona Marshall (1967).

> **Fique atento**
>
> Na modernidade, a cidadania é exercida principalmente no âmbito dos direitos civis e políticos. Nesse contexto, o ser humano é visto em sua condição dupla de indivíduo e de cidadão.

Direitos sociais e diversidade humana

Marshall (1967) afirma que, no século XIX, os direitos políticos eram privilégio de uma classe econômica, ou seja, nem todos exerciam ou tinham acesso a tal direito. Vale lembrar que esse é o período da Revolução Industrial e, portanto, do desenvolvimento do modo de produção capitalista. O contraste entre as classes sociais (proprietários e trabalhadores) se mostrava evidente, e aconteciam muitos conflitos entre essas classes. Como resultado desses conflitos, houve a **conquista dos direitos trabalhistas**.

Diante da desigualdade entre classes que a sociedade capitalista apresenta, Marshall (1967) considera a cidadania como uma forma de impactar essa desigualdade que há entre quem possui renda, educação e cultura e aqueles que não as possuem, ou as possuem em menor quantidade. Vale dizer que, se as estruturas de uma sociedade não são transformadas e a crítica é direcionada apenas àqueles que ocupam determinados cargos, não há mudança capaz de superar a desigualdade. É nesse sentido que vemos emergirem os **direitos sociais**.

Os direitos sociais surgiram no século XX e abrangem desde o direito a um mínimo estado de bem-estar econômico e segurança até o direito de participar por completo na herança social, conforme leciona Marshall (1967). Dessa forma, amplia-se a compreensão sobre o ser humano, e este passa a ser visto em sua diversidade, levando-se em conta as particularidades culturais, religiosas, étnicas, entre outras.

A DUDH, adotada e proclamada em 10 de dezembro de 1948 pela Assembleia Geral da ONU e assinada pelo Brasil na mesma data, vai de encontro a tudo aquilo que se construiu na esfera dos direitos civis, políticos e sociais. Em seu art. 2º, a carta da ONU estabelece que:

> 1. Todo ser humano tem capacidade para gozar os direitos e as liberdades estabelecidos nesta Declaração, sem distinção de qualquer espécie, seja de raça, cor, sexo, língua, religião, opinião política ou de outra natureza, origem nacional ou social, riqueza, nascimento, ou qualquer outra condição.
> 2. Não será também feita nenhuma distinção fundada na condição política, jurídica ou internacional do país ou território a que pertença uma pessoa, quer se trate de um território independente, sob tutela, sem governo próprio, quer sujeito a qualquer outra limitação de soberania (ASSEMBLÉIA GERAL DAS NAÇÕES UNIDAS, [2018], documento on-line).

A DUDH representa um avanço do ponto de vista da proteção de toda pessoa humana. São direitos básicos e fundamentais para que toda e qualquer existência humana tenha dignidade. Isso significa que as particularidades e individualidades, representadas pelos processos culturais, religiosos, simbólicos e pelas etnias e grupos sociais, não podem ser vistos como condições de exclusão.

Nesse sentido, há de se pensar os direitos humanos como um processo que vai além da esfera jurídica, isto é, que trata do ser humano da forma como ele se apresenta, e não de forma ideal ou abstrata. Conforme Flores (2005, p. 266), isso significa que:

> [...] os direitos humanos devem ser compreendidos como os processos sociais, econômicos, políticos e culturais que, por um lado, configuram materialmente, através de processos de autoimposição de deveres e de construção de um sistema de garantias amplo, político e democrático, esse ato ético, político e radical de criação de uma ordem nova; e por outro são a matriz para a constituição de novas práticas sociais.

Fique atento

Os direitos humanos devem ser vistos como sinônimo de dignidade humana; portanto, o campo da cidadania deve abranger as diferenças culturais e os diversos modos de existir. Isso requer uma nova maneira de se lidar com a noção de cidadania, considerando-a não mais como um *status* a que apenas alguns possuem acesso. A cidadania deve ser para todos, sendo, portanto, inclusiva.

Vida em sociedade e critérios de sustentabilidade de acordo com os direitos humanos

A DUDH surgiu diante das catástrofes da Segunda Guerra Mundial. As atrocidades contra a vida humana e as violações dos direitos individuais foram práticas de governos fascistas que ameaçaram milhares de vidas no mundo. Após o término da Segunda Guerra, os países vencedores se reuniram e decidiram que era tempo de estabelecer a paz. Criou-se a ONU. Mais tarde, em 1948, criou-se a DUDH, com o objetivo de garantir que todo ser humano tivesse a sua dignidade assegurada e garantida. Em 30 artigos, a Declaração visa assegurar que a liberdade, a paz mundial e a justiça sejam certificadas.

Dessa forma, a Declaração é vista como uma ferramenta de proteção de todo indivíduo no mundo, já que, cotidianamente, ocorrem muitos casos de desrespeito aos direitos humanos. Há muitas ameaças, discriminações, intolerância e situações de abuso e opressão que são enfrentadas diariamente em muitos países — casos em que a dignidade humana é ferida. Nesse sentido, há muitos desafios para que os direitos humanos sejam respeitados e assegurados para todos os cidadãos. No Brasil, a Constituição Federal de 1988 incorporou os princípios dos direitos humanos na sua legislação.

Embora os direitos humanos não tenham força de lei dentro de um território nacional, o documento serve como base para diversas constituições, como a brasileira, e para diversos tratados internacionais. Para que os direitos humanos sejam garantidos dentro de um território nacional, muitas vezes, é preciso que o país assine um compromisso com a ONU, afirmando que respeitará as diversas áreas em que os direitos humanos se entrecruzam, como os direitos da criança, a discriminação racial, os direitos econômicos, os direitos dos idosos, ente outros. A nação que firma seu compromisso passa a ser avaliada por um comitê formado por peritos, que verificam se o tratado está sendo cumprido ou não. Portanto, os direitos humanos são garantias históricas, que mudam ao longo do tempo, adaptando-se às necessidades específicas de cada momento.

Nesse viés, uma das preocupações dos séculos XX e XXI é em relação ao meio ambiente. A degradação ambiental e a poluição tomaram rumos violentos nas diversas sociedades. O meio ambiente foi afetado pela Revolução Industrial, que trouxe como consequência a poluição. Após a Segunda Guerra Mundial, um novo tipo de poluição — a radiação — se apresentava como o símbolo de uma nova era, a era nuclear. O **movimento ambientalista** ganhou impulso a partir de 1962, quando Rachel Carson publicou o livro *A primavera silenciosa*, fazendo um alerta sobre o uso agrícola de pesticidas químicos sintéticos (ORGANIZAÇÃO DAS NAÇOES UNIDAS, [2018a]).

Diante desses aspectos relacionados ao meio ambiente e à poluição, em 1972, a ONU convocou a Conferência das Nações Unidas sobre o Meio Ambiente Humano, em Estocolmo, na Suécia. Nesse ano, a ONU também instituiu a ONU Meio Ambiente, cujos objetivos eram "[...] manter o estado do meio ambiente global sob contínuo monitoramento; alertar povos e nações sobre problemas e ameaças ao meio ambiente e recomendar medidas para melhorar a qualidade de vida da população sem comprometer os recursos e serviços ambientais das gerações futuras" (ORGANIZAÇÃO DAS NAÇOES UNIDAS, [2018b]). A ONU Meio Ambiente dispõe de uma rede de escritórios regionais para apoiar instituições e processos de governança ambiental, além de engajar agentes do setor governamental e não governamental, acadêmico e privado em torno dos acordos ambientais, programas e projetos de sustentabilidade (ORGANIZAÇÃO DAS NAÇOES UNIDAS, [2018b]).

Em 1983, a ONU convidou a médica, política e diplomata Gro Harlem Brundtland para estabelecer e presidir a Comissão Mundial sobre o Meio Ambiente e Desenvolvimento. Quatro anos depois, criou-se a Comissão Brundtland, que publicou o relatório denominado *Nosso Futuro Comum*, trazendo o conceito de **desenvolvimento sustentável** para o discurso público (ORGANIZAÇÃO DAS NAÇOES UNIDAS, [2018b]).

Em 1992, a relação entre o meio ambiente e a necessidade de desenvolvimento sustentável foi reconhecida em todo o mundo. A Comissão Brundtland fez amplas recomendações, levando à organização da Conferência das Nações Unidas sobre o Meio Ambiente e o Desenvolvimento. Essa conferência ficou conhecida como Eco-92 e teve lugar na cidade do Rio de Janeiro. Após a Eco-92, a ONU lançou a Agenda 21. Esse documento estabelece a importância de cada país refletir e se comprometer, de uma maneira local (ou seja, dentro de seu território) e global (em relação aos demais países e ao globo terrestre como um todo), com os problemas socioambientais.

> Na Agenda 21, os governos delinearam um programa detalhado para a ação para afastar o mundo do atual modelo insustentável de crescimento econômico, direcionando para atividades que protejam e renovem os recursos ambientais (...). As áreas de ação incluem: proteger a atmosfera; combater o desmatamento, a perda de solo e a desertificação; prevenir a poluição da água e do ar; deter a destruição das populações de peixes e promover uma gestão segura dos resíduos tóxicos (ORGANIZAÇÃO DAS NAÇOES UNIDAS, [2018b], documento on-line).

A Assembleia Geral realizou uma sessão especial no ano de 1997, que ficou conhecida como a Cúpula da Terra +5, a fim de revisar e avaliar a implementação da Agenda 21. De acordo com a ONU:

> [...] o documento final da sessão recomendou a adoção de metas juridicamente vinculativas para reduzir as emissões de gases de efeito estufa que geram as mudanças climáticas; uma maior movimentação dos padrões sustentáveis de distribuição de energia, produção e uso; e o foco na erradicação da pobreza como pré-requisito para o desenvolvimento sustentável (ORGANIZAÇÃO DAS NAÇOES UNIDAS, [2018b], documento on-line).

Ainda em 1997 foi assinado o Protocolo de Quioto, que estabeleceu metas obrigatórias para 37 países industrializados e para a comunidade europeia, com o objetivo de fazer com que reduzam as emissões de gases estufa na atmosfera.

No ano de 2002, na África do Sul, na cidade de Joanesburgo, a ONU realizou a Cúpula Mundial sobre Desenvolvimento Sustentável, também chamada Rio +10. Nessa cúpula, a ONU estabeleceu o conceito de desenvolvimento sustentável, que está baseado em três pilares:

- desenvolvimento econômico;
- desenvolvimento social;
- proteção ambiental.

Com esses três pilares, entende-se que a proteção ao meio ambiente acontece quando há desenvolvimento econômico e social. Portanto, cabe aos Estados-nações a implementação de políticas públicas, a fim de assegurar que esses três pilares possam ser firmados. Além disso, cabe não só aos governos, mas também às diversas instituições, empresas privadas, ONGs e demais entidades da sociedade civil, perceberem-se como agentes dessa transformação, que impacta não só o meio ambiente, mas também as esferas econômicas e sociais.

Entre novembro e dezembro de 2015, os representantes de 195 países do mundo reuniram-se em Paris, no evento que ficou conhecido como Cúpula do Clima, a fim de selar o primeiro acordo global para frear as mudanças climáticas. O objetivo da reunião dos países foi firmar um acordo para que cada país diminua a emissão de gases poluentes na atmosfera. Cada país, de forma voluntária, apresentou na Cúpula do Clima seus compromissos de emissões, tanto os países mais desenvolvidos economicamente quanto os que não o são.

Fique atento

Bauman (2008) afirma que vivemos em uma sociedade baseada no consumo, isto é, nossas relações com nós mesmos e com as outras pessoas se baseiam no consumo. Portanto, um dos grandes desafios da atualidade é conseguir convergir e se comprometer com o desenvolvimento sustentável, em uma sociedade em que o consumismo implementa constantemente novos padrões de vida e de comportamento.

Referências

ASSEMBLÉIA GERAL DAS NAÇÕES UNIDAS. Declaração universal dos direitos humanos. *Unicef Brasil*, [2018]. Disponível em: <https://www.unicef.org/brazil/pt/resources_10133.html>. Acesso em: 16 jan. 2019.

BAUMAN, Z. *Vida para consumo:* a transformação das pessoas em mercadorias. Rio de Janeiro: Jorge Zahar, 2008.

DESCARTES, R. *Meditações sobre a filosofia primeira*. Campinas: Unicamp, 2004.

FLORES, J. H. *Los derechos humanos como productos culturales:* crítica del humanismo abstracto. Madrid: Los libros de la Catarata, 2005.

MARSHALL, T. H. Cidadania e classe social. In: MARSHALL, T. H. *Cidadania, classe social e status*. Rio de Janeiro: Zahar, 1967.

NETTO, A. G. F. Do estado de natureza ao governo civil em John Locke. *Revisa de Direito Público*, Londrina, v. 2, nº. 2, p. 75–90, mai./ago. 2007. Disponível em: <http://www.uel.br/revistas/uel/index.php/direitopub/article/viewFile/11457/10193>. Acesso em: 16 jan. 2019.

ORGANIZAÇÃO DAS NAÇÕES UNIDAS. A ONU e o meio ambiente. *Nações Unidas do Brasil*, [2018a]. Disponível em: <https://nacoesunidas.org/acao/meio-ambiente/>. Acesso em: 16 jan. 2019.

ORGANIZAÇÃO DAS NAÇÕES UNIDAS. ONU meio ambiente: programa das nações unidas para o meio ambiente. *Nações Unidas do Brasil*, [2018b]. Disponível em: <https://nacoesunidas.org/agencia/onumeioambiente/>. Acesso em: 16 jan. 2019.

REALE, G.; ANTISERI, D. *História da filosofia:* de Spinoza a Kant. São Paulo: Paulus, 2005. v. 4.

VÁRNAGY, T. El pensamiento político de John Locke y el surgimiento del liberalismo. In: BORON, A. A. (Org.). *La filosofía política moderna:* de Hobbes a Marx. 3. ed. Buenos Aires: CLACSO, 2003.

Leituras recomendadas

COMPARATO, F. K. Fundamento dos direitos humanos. *Instituto de Estudos Avançados da Universidade de São Paulo*, São Paulo, p. 1–21, 2012. Disponível em: <http://www.iea.usp.br/publicacoes/textos/comparatodireitoshumanos.pdf>. Acesso em: 16 jan. 2019.

COUTINHO, C. N. Cidadania e modernidade. *Perspectivas*, São Paulo, v. 22, p. 41–59, 1999. Disponível em: <https://periodicos.fclar.unesp.br/perspectivas/article/view/2087/1709>. Acesso em: 16 jan. 2019.

FOUCAULT, M. *Vigiar e punir:* nascimento da prisão. 37. ed. Petrópolis: Vozes, 2009.

MARCONDES, D. *Iniciação à história da filosofia:* dos pré-socráticos a Wittgenstein. 13. ed. Rio de Janeiro: Zahar, 2010.